小学校国語

読みのスイッチ でつなぐ!

教材研究と授業づくり

物語文編

茅野 政徳
櫛谷 孝徳

編著

東洋館出版社

はじめに

　令和6年4月より、小学校では新たな教科書の使用が開始されます。光村図書の国語教科書に限れば、「春風をたどって」「友情のかべ新聞」「スワンレイクのほとりで」「ぼくのブック・ウーマン」など新たな物語文が6編、「つぼみ」「ロボット」「未来につなぐ工芸品」「風船でうちゅうへ」など新たな説明文7編がお目見えします。当然、教材研究が必要になりますが、その時間を捻出するのが難しい先生も多くいらっしゃるでしょう。次に予定されている物語文、来月から始まる説明文。その教材で子どもは何を学ぶのだろう。各教材のポイントが分からず、お困りの先生もいるのではないでしょうか。

　さらにいえば、その物語文、説明文の学習は何とか終えたとしても、その単元（教材）で学んだことが、今後の学習にどのように生かされるのか。先を見通すのは、国語科を専門的に研究している先生でなければ、かなり難しいと思われます。国語科は、単元（教材）間、学年間の系統性が見出しにくく、その単元（教材）に「閉じられた学び」に陥りやすい教科です。本書は、そんな先生方のお役に立てるように、その単元（教材）で何を学び、学んだことが次のどの単元（教材）に生かされるのかを具体的に示しています。「閉じられた学び」から脱却する「開かれた学び」を提案します。その土台となるのが、ユニット・スイッチです。令和5年3月に刊行した『小学校国語　教材研究ハンドブック』において、物語文では5つのユニットと35のスイッチ、説明文では5つのユニットと28のスイッチを紹介しました。本書はその続編・実践編にあたります。どの単元（教材）でどのスイッチを習得し、それをどの単元（教材）で活用・定着させるのか、6年間に学習するすべての教材の系統性を一覧で示しています。

　合言葉は、「『前に』が言える子ども、『次に』が言える教師」を生み出すことです。「前に○○を学習したときに…」と過去の学習を今の学習に生かす子どもの姿を見たくありませんか。「今回学んだことはね、次に△△という物語文を学習するときに生きるから覚えておこうね！」と言える先生になりたいと思いませんか。物語文と説明文を生き生きと学び合う先生と子どもの姿を夢見て、本書を世に送り出します。

令和6年3月　茅野政徳

第**1**章 # 解説編

第2章 実践編

1年

2年

3年

第1章

解説編

1. ユニット・スイッチとは

1. 不易と流行

　「伝え合い」「学び合い」「対話的な学び」。求められる授業の在り方は、中央教育審議会答申や学習指導要領総則をはじめとする公的な性質をもつ文書に記されたキーワードによって揺り動かされてきました。現在は、「ICT」「個別最適化」「自己調整」などの文言が教育現場を包み込んでいます。もちろん、それは悪いことではありません。国際的な視野に立ち、また社会の要請に応える必要性から生まれてきた考え方ですから。しかしながら、語弊を覚悟で、それらの考え方を「流行」というならば、「不易」が疎かにされていると感じることが多々あります。具体的にいえば、「対話的な学び」「自己調整」などを生み出す源となる教材に対する眼差しが弱まっている、教材そのものをしっかりと分析・研究せずして授業に臨んでいるように思えるのです。

　少々乱暴ですが、料理にたとえるならば、料理方法や提供の仕方にばかり目が向き、素材そのもののよさや特徴・特長を吟味しないまま、フライパンや鍋に放り込み、味付けをしているようなものではないでしょうか。

　「流行」ばかりが脚光を浴び、その土台となる「不易」が暗闇に沈んでいます。

2. 教材研究のためのハンドブックがほしい

　年間で多くの学習指導案を読む機会がありますが、教材分析や教材解釈が詳しく記されている指導案に出合うことは稀です。詳しく書かれているな、と思ったら教師用指導書など既成のものを写していることもあり…。そんな嘆きを多くの先生方にぶつけていたところ、「教材研究をがんばりたいのだが、どのように取り組めばよいのかわからない」「漠然と教材を読んでいても、ただ時間が過ぎていく」「教材研究の方法やポイントを具体的に教えてほしい」という声が返ってきました。

　確かに、教材研究には時間がかかります。多忙な学校現場で、特に小学校は１人の先生が多くの教科を受け持つため、１つの教科の１つの教材に時間をかけるのは

難しいでしょう。さらに、国語科関連の書籍を集めてみても、「ごんぎつね」「大造じいさんとガン」「海の命」など１つの教材に特化し、教材の成り立ちから語句の解釈、実践例まで詳しく記されている本は多く見かけるのですが、どの教材でも必要となる教材研究の視点が紹介されている本は、近年殆ど刊行されていません。教材研究の視点を明確に示すことができれば、教材と教材を「つなぐ」ことができます。「つなぐ」教材研究にむけて、ハンドブックのような本が必要だと感じ、令和５年３月に刊行したのが『小学校国語　教材研究ハンドブック』です。

3.「つなぐ」教材研究に向けて−ユニットを創り出す

　　どの教材でも必要となる教材研究の視点をどのように生み出すのか。まずは、学習指導要領にヒントを得ました。「読むこと」の指導事項の中でも教材研究の視点となる言葉が散りばめられているのが、「構造と内容の把握」と「精査・解釈」です。低・中・高学年の指導事項（文学的文章）を並べてみましょう。

(1) 構造と内容の把握

> イ　場面の様子や登場人物の行動など、内容の大体を捉えること。
> イ　登場人物の行動や気持ちなどについて、叙述を基に捉えること。
> イ　登場人物の相互関係や心情などについて、描写を基に捉えること。

(2) 精査・解釈

> エ　場面の様子に着目して、登場人物の行動を具体的に想像すること。
> エ　登場人物の気持ちの変化や性格、情景について、場面の移り変わりと結び付けて具体的に想像すること。
> エ　人物像や物語などの全体像を具体的に想像したり、表現の効果を考えたりすること。

　　上記の指導事項から中心となる語句を抜き出してまとめてみます。

> 場面（の移り変わり）　登場人物　行動　気持ち・心情（の変化）
> 性格・人物像　相互関係　全体像　表現の効果

これらの文言を土台とし、そこにこれまでに学んだ教材研究の方法や教材との向き合い方を加味します。その結果、教材を見つめる大きなまとまりとして、以下のユニットを創り出しました。

> ユニット１：「設定」を見つめる
> ユニット２：「人物」を見つめる
> ユニット３：「言葉」を見つめる
> ユニット４：「飾り」を見つめる
> ユニット５：「距離」を見つめる

4.「つなぐ」教材研究に向けて−スイッチの誕生

　ユニットをさらに細かく分けた結果、物語文は 35 のスイッチが誕生しました。これらのスイッチを駆使すれば、どの教材でも同じように分析・研究をすることが可能です。なお、一つ一つのスイッチについては、14 ページから解説していますので、お読みください。

ユニット１：「設定」を見つめる
　1 作者（訳者）と出典　2 題名　3 挿絵　4 時と場
　5 場面と出来事・あらすじ　6 山場と結末　7 文種　8 語り手・人称視点

ユニット２：「人物」を見つめる
　1 登場人物　2 会話文と地の文　3 行動と表情　4 気持ち・心情
　5 性格・人物像　6 境遇や状況　7 関係と役割

ユニット３：「言葉」を見つめる
　1 くり返し　2 比喩（たとえ）　3 オノマトペ　4 色ことば
　5 鼻ことば・肌ことば　6 擬人法　7 情景　8 文の長さ　9 文末
　10 体言止め・倒置法　11 複合語・語調　12 カギことば　13 対比ことば　14 文学ことば

ユニット４：「飾り」を見つめる
　1 けずる　2 変える

ユニット５：「距離」を見つめる
　1 場所・時代　2 日常生活　3 気持ち・心情　4 テーマ・全体像

2.「つなぐ」教材研究を「開かれた」学びに生かす!

1. 本書刊行に向けて

『小学校国語科　教材研究ハンドブック』を刊行して半年が過ぎました。幸いにも、多くの先生から「教材研究のポイントが分かった」「教材と教材をつなぐ視点をもつことができた」といううれしいメッセージを頂戴しました。中には、「この2つの物語文は、『色ことば』がたくさん入っていますね」「低学年の説明文で具体例が身近な順に並んでいることを学ぶと、中学年の説明文を読むときにも役立つのですね」など、「つなぐ」教材研究の実例を挙げてくださる先生もいらっしゃいました。

先生方が教材と教材を「つなぐ」ことができるようになれば、その意識は子どもに伝播し、子どもも教材と教材を「つなぐ」ことができるようになるのではないか。教材という「点」と「点」が結ばれて、子どもの頭の中で「線」になるイメージです。

子どもが、「前に学習した○○では…」と、ノートを見返しながら過去の学びと今の学びをつなげて発言する。それを、一つの教材に「閉じられた学び」ではなく、「開かれた学び」と称しましょう。そんな子どもの姿を見たくありませんか。先生は、「今、学習していることが、次にみんなが学ぶ△△という文章の学習のときに生かせるんだよ」と未来を語る。そんな先生になりたくありませんか。

本書がめざすのは、

> 「前に」が言える子ども、「次に」が言える教師

そのような姿を理想に掲げ、本書の編集がスタートし、『小学校国語　教材研究ハンドブック』刊行から1年経った今、続編・実践編を刊行することとなりました。

2. 学ぶ意味を見つめ直す──なぜ、物語文を学ぶのか

　そもそも、なぜ物語文を学ぶのか。先生方は考えたことがありますか。

　物語文や小説、いわゆる文学は１つの独立した芸術作品といえます。そこには、作者の独創性がつまっています。文章を読むことで、作者が創造した世界にふれ、私たちは日常では起こらない出来事に出合い、心を躍らせます。時に主人公に同化して悲しさや切なさを味わい、時に喜びや楽しさを共有します。平和の大切さ、努力することの尊さ、家族愛など作品から多くのメッセージをつかみ取ることもあるでしょう。そういう意味では、心の糧、成長の糧として文学を鑑賞すること自体に大きな意味がありそうです。しかし、ここで立ち止まってしまうと「特別の教科　道徳」と似た学習展開になってしまう恐れがあります。現に国語なのか道徳なのか分からない学習風景に出合うことがあります。

　物語文から一定の価値観を導き出し、共有を図るような学習からも子どもは学びを得るでしょう。しかし、その学びは、国語科としての次の学習に生きないことが問題です。まさに「閉じられた学び」になってしまい、子どもが「読めるようになった」という自らの成長の実感を得られないでしょう。

　なぜ物語文を学ぶのか。それは物語文の学習を通して「読めるようになった」という実感を得、その読み方を次の物語文の読みに生かす。いや、学習場面にとどまらず、日常の読書にも生かす。そんな力を身に付けるために学ぶのです。それこそが「閉じられた学び」から脱却した「開かれた学び」といえるでしょう。

3.「開かれた学び」に向けて系統性を見出す

(1) ３種類のスイッチ―習得・活用・定着

　『小学校国語　教材研究ハンドブック』では、一つ一つのスイッチの解説に、令和４年度に発刊されていた４社（光村図書・東京書籍・教育出版・学校図書）の教材を使用しました。本書は、「開かれた学び」に向けて系統性を見出す観点から、令和６年度から使用が開始される光村図書の教材に絞っています。そのかわり、光村図書の教科書に掲載され、学習の手引きが見開きで示されている物語文すべてを系統立て、どの教材でどのスイッチを働かせるのかを明らかにしています。あくまで試案ですが、教材の詳細な分析と、教材の後に付けられている学習の手引きをもとに、執筆者たちと協議を重ね、執筆を進める中で改訂をくり返し、12〜13ペー

ジの一覧を完成させました。試案とはいってもかなり精度の高い系統表が完成した
と自負しています。ぜひ、6年間に学ぶ物語文のつながりを実感して下さい。

　なお、本書ではスイッチを以下の3種類に分けています。

◎習得スイッチ	その教材（単元）で習得するスイッチ。子どもは初めてそのスイッチを重点的に学ぶので、全員が習得できるように、単元の中で丁寧に扱いたい。
○活用スイッチ	以前習得したスイッチを取り上げ、その教材（単元）で活用を促したいスイッチ。活用する場を積極的に設け、子どもが「前に」と言える場面をつくることで定着を図りたい。
・定着スイッチ	習得・活用を経て、その教材（単元）では子どもが自ら働かせることを求めたいスイッチ。定着していないと判断した際には意図的に取り上げ、活用を促したい。

　各教材のページと系統表を生かし、「前に」が言える子ども、「次に」が言える教
師をめざしましょう！

3. 令和6年版光村教科書　学年別物語文一覧

学年	作品	本書掲載ページ	ユニット1										ユニット2			
			作者（訳者）と出典	題名	挿絵	時と場	場面と出来事	あらすじ	山場と結末	文種	語り手	人称視点	登場人物	会話文と地の文	行動と表情	心情・気持ち
1年生	はなのみち	026			◎								◎	○	◎	
	おおきなかぶ	032		○	○		○						○		○	
	おむすびころりん	038			○								·			
	やくそく	044	◎	○	○								·		○	
	くじらぐも	050			○								·		○	
	たぬきの糸車	056			○		○						·		○	◎
	ずうっと、ずっと、大すきだよ	062	○	○	○		○						·		○	
2年生	ふきのとう	068			·	◎							○	○	○	○
	スイミー	074	○		○		○						○		○	
	お手紙	080	○		○								○		○	
	みきのたからもの	086			·		◎						○		○	
	スーホの白い馬	092			·		○						○		○	
3年生	春風をたどって	098			·								○		○	
	まいごのかぎ	104			·		○		◎				○		○	
	ちいちゃんのかげおくり	110	○		·	·	·						○		○	
	三年とうげ	116	○		·		·						○		○	
	モチモチの木	122	○		·		·				◎		○		○	
4年生	白いぼうし	128	○	○			·						○		○	
	一つの花	134	○			○	·						○		○	
	ごんぎつね	140	○		·								○		○	
	友情のかべ新聞	146							○			◎	○			
	スワンレイクのほとりで	152			·							·	○		○	
5年生	銀色の裏地	158			○										·	◎
	たずねびと	164										○			·	
	やなせたかし―アンパンマンの勇気	170					·	○	○						·	
	大造じいさんとガン	176	○				◎								·	
6年生	帰り道	182							·			○				·
	やまなし	188	○	○												
	ぼくのブック・ウーマン	194	○		·	○						·				◎
	海の命	200	○		·			○					○			

◎習得スイッチ　○活用スイッチ　・定着スイッチ

※上記記号の分類・機能については11ページ参照

				ユニット3														ユニット4		ユニット5			
5	6	7		1	2	3	4	5	6	7	8	9	10	11	12	13	14	1	2	1	2	3	4
性格	人物像	境遇や状況	関係と役割	くり返し	比喩（たとえ）	オノマトペ	色ことば	鼻ことば・肌ことば	擬人法	情景	文の長さ	文末	体言止め・倒置法	複合語・語調	カギことば	対比ことば	文学ことば	けずる	変える	場所・時代	日常生活	気持ち・心情	テーマ・全体像
				◎																			
				○																			
					○																		
				○		○																	
															◎								
				○	・																		
					◎																		
															◎								
					・	○						◎	○										
					◎											○							
				○	・																		
		◎								○	○		○										
				○																			
◎							○						○										
○							◎	○															
○		・										◎	・										
○			○						○				○										
					・		・	○	○				○										
	◎		◎									・				○	○						
				○								○				○							◎
○																							
○		○						○	○	○		・											○
○		○													○								
	・				○	・	・	・								○	◎						
○		○															○						○
	・																○						○

＊その教材で特に目を向けてほしいスイッチに◎○・を記しています。

＊１つの教材で扱うスイッチが多くならないように、習得と活用の
　スイッチを合わせて５〜６個程度におさめています。

ユニット 1 「設定」を見つめる

スイッチ 1 作者（訳者）と出典	作品には、様々な背景があります。どこの国の誰が、いつ書いたのか。基本情報に目を向けるスイッチです。例えば、「大造じいさんとガン」は 1940 年代に発表されましたが、初出の雑誌と、2 年後に刊行された椋鳩十の作品集では違いがたくさんあります。「ごんぎつね」も草稿「権狐」とはだいぶ違います。誰が書いた（訳した）のか、いつどのような形で発表されたのか調べてみましょう。本書では、「出典」が絵本の作品やシリーズの一作、著名な「作者」に焦点を当てました。
スイッチ 2 題名	作品の顔である題名に目を向けるスイッチです。題名の付け方には大きく 6 通りあります。①人物や主人公　②中心的事物　③象徴・キーワード　④出来事　⑤セリフ・心情　⑥舞台（場・時）。「スイミー」「ごんぎつね」は①ですね。「白いぼうし」「モチモチの木」などは②になります。「三年とうげ」「帰り道」は⑥でしょう。このスイッチを知ると、読者は「読む構え」を創り出すことができます。本書では、「題名」から内容を想像してほしい作品などにスイッチを設けています。
スイッチ 3 挿絵	本文と挿絵の関係を 3 通りに分けてみました。①一体型　②合作型　③独立型　①は文章と挿絵を同一人物が手掛けている作品。②は作家と挿絵画家が連携した作品。③は文章のみで発表された作品に後から挿絵が付けられたものです。①②では挿絵は貴重な情報源であり、原典を必ず確認すべきです。③が圧倒的に多いのですが、その場合、挿絵画家の解釈が入っているので、挿絵の扱いには注意が必要です。本書では、低学年を中心に、「挿絵」に注目したい作品を取り上げています。
スイッチ 4 時と場	物語の土台となる時と場に目を向けるスイッチです。物語には、全体を包み込む「大きな時と場」と、物語内で変化する「小さな時と場」があります。子どもにとってなじみのある時代や年代、イメージできる場所なのか、まずは「大きな時と場」を確かめましょう。その上で何年間の物語なのか、どれだけの場所を移動したのか。意外と子どもが目を向けていない物語内で変化する「小さな時と場」を確認しましょう。このスイッチは、「ふきのとう」からスタートします。

スイッチ 5 場面と出来事 あらすじ ＊本書では、「場面と出来事」と「あらすじ」に分けています。	場面に目を向けるスイッチです。場面の変化は時間、場所、人物の変化で生まれます。一つの場面の中では、様々な出来事が起こります。小さな出来事が集まって一つの場面を作り上げています。場面がつながり完成した物語を短く簡単に表現したのがあらすじです。場面とあらすじを捉えることは、物語の山場を理解したり物語に散りばめられた伏線に目を向けたりすることに役立ちます。「場面と出来事」は「おおきかかぶ」で、「あらすじ」は「みきのたからもの」で押さえましょう。
スイッチ 6 山場と結末	山場を経て結末に目を向けるスイッチです。山場は、「物語の中で、中心となる人物のものの見方・考え方や人物同士の関係が大きく変わるところ」です。ここだ！と「点」で捉えられることもありますが、場面として「線」で捉えた方がよい場合もあります。明確に「点」で捉えられる場合、「クライマックス」という言葉を使ってもよいでしょう。結末は予想通りでしたか。子どもの期待に反しそうでしたか？　本書では、「大造じいさんとガン」で「山場」を習得します。
スイッチ 7 文種	昔話、神話、ファンタジーなどフィクション作品もあれば、ノンフィクションを意識した作品もあります。現実世界と異世界に関して、行ったり来たりするのがファンタジー、現実世界で不思議な出来事が起きるのがエブリデーマジック、異世界のみで展開するのがハイファンタジー、現実世界と異世界が同居するのがメルヘンという区分けもあります。多くの文種にふれるきっかけとなるスイッチです。本書では、ファンタジーやミステリー、伝記などの「文種」を取り上げました。
スイッチ 8 語り手・人称視点 ＊本書では、「語り手」と「人称視点」に分けています。	物語を語っているのは作者ではありません。作者によって生み出された語り手です。語り手は、物語のプロデューサーであり、読者の心を左右する影の主役といえます。語り手がどのような視点で物語を語るのか。大きく、一人称視点と三人称視点に区別できます。これは、映画やドラマのカメラワークに近いものです。「ぼくは」「わたしは」と語る一人称視点は、登場人物に寄り添いやすいですね。「語り手」は「モチモチの木」、「人称視点」は「友情のかべ新聞」で習得するスイッチです。

ユニット **2** 「人物」を見つめる

<table>
<tr>
<td>

スイッチ **1**

登場人物

</td>
<td>

登場人物がいてこそ、物語は成り立ちます。登場人物は何人？　名前や年齢は？　登場人物をしっかりと見つめず、読み進めている読者は少なくありません。主人公、中心人物、対人物、周辺人物など登場人物にはそれぞれ役割があります。主人公と中心人物は同じ意味に使われることがありますが、区別すべき物語もあります。物語の中でどんな人物が、どんな役割をしているのか、情報を集めましょう。本書では特に「登場人物」を確認したい教材にスイッチを設けています。

</td>
</tr>
<tr>
<td>

スイッチ **2**

**会話文と
地の文**

</td>
<td>

地の文は、物語を進める土台。その語り口から語り手の年齢や立場などを想像できることがあります。一人称視点の場合、地の文そのものが特定の人物の語りであり、心のうちが表されますね。会話文は、人物に関する情報の宝庫。気持ちや性格、聞き手との関係など多くの情報が得られます。しかし、「やくそく」（１年上）をはじめ、誰が発した言葉なのか分かりづらい物語もあるので注意が必要です。このスイッチは全教材で働かせるべきですが、主に低学年で取り上げます。

</td>
</tr>
<tr>
<td>

スイッチ **3**

行動と表情

</td>
<td>

行動と表情は、人物の気持ちや心情と深く関係します。つぶやく、さけぶ、見つめる、にらむ。赤いほっぺた、眉間のしわ。このような行動や表情からは、悲しさ、怖さ、恥ずかしさなど人物の心が思い浮かびます。また、行動や表情は、自分の体験と結び付けやすいので、どんなときにその行動や表情をしたか子どもに聞いてみるとよいでしょう。このスイッチは、低・中学年の指導事項と合致し、物語文の学習の中心となるため、あえて多くの教材に活用スイッチを設けました。

</td>
</tr>
<tr>
<td>

スイッチ **4**

気持ち・心情

＊本書では、「気持ち」と「心情」に分けています。

</td>
<td>

気持ち・心情は、直接表現（びっくりした、うれしかったなど）と、５つの間接表現（行動描写・表情・発話（会話文）・心内語・情景描写）から推し量ることができます。気持ちは他者が容易に察することのできる心持ち。心情は、直接的に察することができない心の奥を含むと考えてください。気持ち・心情は、物語の中で変化します。また、うれしいけれど恥ずかしいなど同居します。１つにしぼっていませんか？指導事項に合わせ、「気持ち」は中学年、「心情」は高学年で主に扱います。

</td>
</tr>
</table>

スイッチ 5 **性格・人物像** ＊本書では、「性格」と「人物像」に分けています。	気持ち・心情は変化しやすいですが、性格・人物像は簡単には変化しないものです。気持ち・心情はその場その場の「点」で捉えますが、性格・人物像はその「点」を集めて「線」で捉えるイメージです。リーダーシップがある⇔自己中心的、など読者の判断で真逆に捉えられることがあるのも特徴です。背が高い、走るのが速いなど、人物の性格以外の特徴も含めた広い捉え方が人物像です。指導事項に合わせ、「性格」は中学年、「人物像」は高学年にスイッチを設けています。
スイッチ 6 **境遇や状況**	代々漁師の家系に生まれ育った太一、一人ぼっちのごん、年取った祖母、祖父と二人きりで暮らすスーホと豆太。生い立ちや家族構成、職業などその人物の境遇が行動や気持ち、性格に影響を与えることがあります。クラス替えで落ち込む理緒、自分が住む森に飽き飽きしているルウ、戦禍を生きるちいちゃんとゆみ子。その人物が置かれている状況が、行動や気持ち、そして運命を大きく左右します。多くの教材で働かせたいスイッチですが、本書では4つの教材に絞りました。
スイッチ 7 **関係と役割**	親子、兄弟、親友、ライバル、師匠と弟子、労わる者と労わられる者、上に立つ者と従う者。人と人には様々な関係があります。関係やその変化が呼称に表れる場合があります。「たかが鳥」から「英雄」へと、大造じいさんの残雪に対する呼称が変化するのは有名です。「海の命」における母と太一の関係も印象的です。海に生きることに反対する母は、太一の成長に重要な役割を果たしています。このスイッチは、指導事項に「相互関係」が出てくる高学年で扱います。

スイッチ 1 くり返し	フレーズ・展開のくり返しと言葉のくり返しがあります。「大きなかぶ」の「うんとこしょ、どっこいしょ。」、「くじらぐも」の「天までとどけ、一、二、三。」などがフレーズ・展開のくり返し。物語にリズムを生み出します。言葉のくり返しは反復と言い換えられます。「北へ北へ」と飛び去る残雪を「いつまでも、いつまでも」見守る大造じいさん。言葉のくり返しが巧みに使われている好例です。「くり返し」は、学年を問わず取り上げたい重要なスイッチです。
スイッチ 2 比喩 (たとえ)	比喩は、読者の想像を膨らませる手助けをしてくれます。「おどるように飛んでいるちょう」(白いぼうし)、「夏の日ざしをすいこんだような、こがね色のかぎ」(まいごのかぎ)。行動や場面の様子が映像のように浮かんできます。比喩の理解は、生活経験に大きく左右されます。「水中ブルドーザーみたいないせえび。」(スイミー)。比喩が比喩として子どもの想像にうまく機能するのか、考えてみましょう。本書では、特徴的な「比喩」が用いられている教材にスイッチを設けました。
スイッチ 3 オノマトペ	オノマトペとは、擬態語、擬音語の総称です。擬態語は、くんねりくんねり(やくそく)、きらきら(ちいちゃんのかげおくり)、ぴかぴか(モチモチの木)、そわそわ(帰り道)など様子や状態を表す言葉。擬音語はカタカタ(スーホの白い馬)、カーンカーン(ごんぎつね)、グワアグワア(大造じいさんとガン)など音や声を表す言葉。かぷかぷ、もかもか、ぼかぼか。さて、どの教材のオノマトペでしょう？本書では、「オノマトペ」が多く用いられている教材を取り上げています。
スイッチ 4 色ことば	青には冷静さや爽やかさ、赤には情熱や危険性。私たちは、色に対して特定のイメージをもっています。白、青、赤をはじめ、物語にはたくさんの色が登場します。その色が、場面の様子や状況、登場人物の容姿や気持ち・心情を表します。「水色の新しい虫とりあみ」(白いぼうし)、「青いけむり」(ごんぎつね)。どのような場面や状況が頭に浮かびますか。色ことばは、言葉の映像化を助けます。どの物語にも色は使われますが、本書では4年生以降で注目することにしました。

スイッチ 5 **鼻ことば・** **肌ことば**	作者が言葉を尽くして表現した香り、感触を私たちは過去の経験と結び付けて疑似体験します。「公園の新緑がふりまく初夏のにおい」（帰り道）。草木が発するあの生命力を感じる生臭さが文字から匂い立ちます。甘い香り、落ち着く匂い、焼けるような暑さ、ふさふさした手触り。鼻ことばと肌ことばは、読者に自らの体験を呼び起こさせ、嗅覚と触覚を通して場面の様子を豊かに描き出す表現です。本書では、「春風をたどって」で習得し、「白いぼうし」で活用しています。
スイッチ 6 **擬人法**	物語では、太陽も風も石でさえも生き生きと話し出します。擬人法は、ものに命を吹き込みます。「霜が足にかみついた。」「木がおこって、両手で、『お化けぇ。』って、上からおどかすんだ。」（モチモチの木）、「かぎは、りいこにまばたきするかのように光りました。」（まいごのかぎ）など、巧みな表現が目白押しです。命を吹き込まれたものは物語の中で重要な役割をすることが多く、要チェックです！　4年「スワンレイクのほとりで」で描かれる「擬人法」が心に残ります。
スイッチ 7 **情景**	情景とは、「心情」が投影されている「景色」といえます。晴天の日、太陽から降り注ぐ日ざしを「キラキラ輝いている」と表現するか、「まぶしくて目が痛い」と表現するか。同じ景色でもそのときの気持ち・心情によって見え方や感じ方は変わります。それを地の文に表したのが情景です。「東の空が真っ赤に燃えて、朝が来ました。」（大造じいさんとガン）には、人物の心情が見事に投影されています。このスイッチは指導事項に合わせ、中学年「ごんぎつね」から登場です。
スイッチ 8 **文の長さ**	「お兄ちゃんがころびました。足から血が出ています。ひどいけがです。」（ちいちゃんのかげおくり）。どうですか、この短い文の連なりが生み出す実況中継のような緊迫感や臨場感。「そして、つぎの日、白馬は、しんでしまいました。」（スーホの白い馬）。どうですか、この読点の連なりが生み出す悲しみ。文の長さや読点の打ち方は、場面の様子や人物の気持ち・心情を巧みに描き出す効果があります。本書では、短い文の効果に着目したい教材にスイッチを設けました。

スイッチ 9 **文末**	敬体で描くか、常体で描くか。現在形を使うか、過去形を使うか。文末表現によって読者の印象は大きく変わります。「大造じいさんとガン」には敬体の作品と常体の作品があることは有名です。例えば、「スタート位置につきました。ぼくは、走り出しました。前の人を抜かしました。」「スタート位置につきます。ぼくは、走り出します。前の人を抜かします。」現在形を使うと臨場感が増すのが分かります。「文の長さ」同様、「文末」に着目したい教材にスイッチを設けました。
スイッチ 10 **体言止め・** **倒置法**	「水中ブルドーザーみたいないせえび。」「スイミーは、およいだ、くらい海のそこを。」（スイミー）「ゆみ子のにぎっている、一つの花を見つめながら――。」（一つの花）　体言止めや倒置法によって、一つの言葉を読者の心に残したり、読者に余韻を与えたりします。「スイミーは、くらい海のそこをおよいだ。」など、書き換えて印象を比べる活動を行うと、体言止めや倒置法の効果を実感できます。このスイッチは、「モチモチの木」「スワンレイクのほとりで」で働かせます。
スイッチ 11 **複合語・語調**	語調は、物語に硬さと柔らかさを与えます。「寝る」と「就寝」、「訪れる」と「訪問」。和語と漢語のどちらを使うのかによって印象は大きく変わります。複合語とは、「二つ以上の言葉が合わさり、一つの言葉として通用するもの」です。複合語は、物語に具体性を与えます。残雪は、「飛び去って」いきます。「飛ぶ」のではなく、「飛び去る」残雪。複合語から残雪の心情や人物像が垣間見えそうです。「スーホの白い馬」など複合語が多用されている教材で主に扱います。
スイッチ 12 **カギことば**	「やまなし」「たずねびと」は、題名自体が物語の全体像に関係するカギことばです。「青い空」（ちいちゃんのかげおくり）は、物語全体を包み込むカギことば。「帰り道」では、「みぞおち」と「ピンポン」という言葉が見事に二人の心情を表しています。題名になる言葉、何度も出てくる言葉、何かを象徴している言葉。物語に埋まっている宝石のような言葉に目を向けるのが、このスイッチです。「一つの花」で何度も出てくる「カギことば」は、もちろん「一つだけ」ですね。

スイッチ 13 対比ことば	白と黒、晴れと雨、やまなしとかわせみ。対比ことばは、物語の展開に大きく関係します。「ふたりとも、かなしい気分」だったがまくんとかえるくん。最後は「ふたりとも、とてもしあわせな気もち」で座っています。「一つの花」では食べ物が「おいもや豆やかぼちゃしか」なかったゆみ子が、「母さん、お肉とお魚とどっちがいいの。」と発します。対比ことばは、場面や人物の変化を映し出します。「春風をたどって」に出てくる「ためいき」も注目すべき対比ことばです。
スイッチ 14 文学ことば	「かぷかぷ笑う」(やまなし)、「あかつきの光が、小屋の中にすがすがしく流れこんできました。」(大造じいさんとガン)をはじめ、普段の生活では出合うことの少ない文学的表現の数々。日常とは違った言葉の世界を楽しみ、新たな言葉の獲得につながるスイッチです。このスイッチは、高学年の指導事項に記された「表現の工夫」に気付き、「表現の効果」を考えることに結び付きます。着目したい「文学ことば」はたくさんありますが、本書では、6年生の2作品に絞りました。

ユニット **4**　「飾り」を見つめる
ユニット **5**　「距離」を見つめる

　ユニット4・5は、『小学校国語　教材研究ハンドブック』では、先生が教材を分析したり、先生が教材と目の前の子どもとの間にどのような距離があるかを考えたりするために設定したスイッチです。そのため、子どもが教材を見つめる際に働かせるスイッチとして想定していませんでした。

　本書において、ユニット5のスイッチ4：テーマ・全体像は、学習指導要領の内容をふまえ、子どもに働かせてほしいスイッチとして系統表に位置付けることにしましたが、その他のスイッチは子どもが学習を進める際に働かせる必要がないので、本書の習得・活用・定着スイッチには入れていません。しかし、ユニット4の2つのスイッチを働かせると、子どもも物語の作られ方、作者が紡ぎ出した豊かな表現に気付くことができるようになります。

ユニット **4**　「飾り」を見つめる

スイッチ **1** **けずる**	物語は多くの修飾語でドレスアップし、人物や場面の様子を豊かに描き出します。すべてを脱ぎ捨て、シンプルな装いにするのがこのスイッチです。けずることで作者があえて入れた言葉が見えてきます。「緑がゆれているやなぎの下に、かわいい白いぼうしが、ちょこんとおいてあります。」（白いぼうし）下線部はなくても通じますが、その言葉があると場面の様子が具体的に想像できますね。
スイッチ **2** **変える**	けずるのではなく、言葉を変えてみるスイッチです。変えてみると、その言葉が表している具体的な内容や、その言葉にこめた作者の工夫が見えてきます。「かえるくんは、大いそぎで家へ帰りました。（お手紙）「大いそぎ」を「ゆっくり」に変えてみましょう。がまくんを思うかえるくんの優しさが台無しです。比べてみると、その言葉の輝きが鮮明になります。教師の範読の際にも使えそうです。

スイッチ 1 **場所・時代**	外国や、その地方特有の物語、〇〇時代の物語など、作品の舞台である場所・時代と子どもとの距離を見つめるスイッチです。国、土地、時代がもつ文化や常識と、子どもの「今」に大きな距離がある場合があります。埋める必要のある距離か見極める必要がありそうです。埋める場合によく実物や映像などを提示することがありますが、言葉から想像する力を育むことを忘れてはいけませんね。
スイッチ 2 **日常生活**	家族構成や家族の仕事、友達関係、住環境など、登場人物が過ごす日常と子どもの日常との距離を見つめるスイッチです。ペットを飼ったことがあるか、人の誕生や死を記憶しているか、外国に行ったことがあるかなど、スイッチ1に比べ、一人一人が違った距離をもっているので注意が必要です。その子の「当たり前」が物語の解釈や想像に影響を及ぼします。必要ならば、事前に距離を測りましょう。
スイッチ 3 **気持ち・心情**	スイッチ2の日常生活との距離が、気持ち・心情の距離を生み出すことがあります。子どもは戦争経験がなく、その恐怖や悲しみを実感を伴って想像することは難しいでしょう。では、その距離は全く埋められないのか。そのときに用いたいのが「置き換え」です。友達に手紙を書いた経験はなくても、誰かのために大急ぎで行動した経験に「置き換え」れば、かえるくんの気持ちに寄り添えそうです。
スイッチ 4 **テーマ・ 全体像**	たどり着かせたいテーマや全体像を先生が強くもっていると、子どもはそれを敏感に感じ取り、先生が望む「正解探し」をしてしまうことがあります。子どもが物語から自力で導き出せるテーマや全体像には、発達段階や経験値の面から限界があります。「全体像」は高学年の指導事項に出てくる言葉なので、本書では「たずねびと」からこのスイッチを働かせることにしました。どのようなテーマや全体像を子どもとともに導くのか、ぜひ各教材の実践編をお読みください。

5. スイッチの活用・定着を図る 教師の発問5選

　スイッチの習得・活用・定着を図るには、教師の役割が重要です。教師は具体的にどのような発問や価値付けを心がければよいのでしょう。第2章実践編の各教材の「❺スイッチを働かせた授業の姿」では、教師の発問を明確にするよう努めました。様々な発問がありますが、以下の5つの発問は、スイッチの活用・定着に役立ちます。

スイッチの活用・定着を図る発問		
スイッチの活用・定着を図る発問	定着を促す	「双括型」で書くと、どんなよさがありましたか？ 子どもたちが、すでに習得・活用しているスイッチを思い出し、定着を促す発問です。習得・活用しているスイッチも時間が経つと忘れてしまいます。だからこそ、このような発問をくり返すことで定着を図る必要があります。また、たとえば、「双括型」は「サンドイッチ型」など、子どもたちが自分たちで名付けると、覚えやすく愛着もわき、定着が図りやすいでしょう。
	前の教材とつなげる	「第一段落の工夫」は、前にも学習しませんでしたか？ 子ども自身が前の教材で学習したスイッチに気付くことが理想ですが、なかなかそうはいきません。そのため、まずは子どもが教材と教材のつながりを捉えられるように発問することが大切です。「前の説明文では、筆者はこんな工夫をしていたよ！」子どもにとって、前に学んだ教材とのつながりを見出すのは大発見です。そのような学習の積み重ねが、さらなるスイッチの活用と定着を図ります。
一語に着目し、スイッチを活用する発問	言葉に焦点化する	「真っ赤」という色から、どんな心情が伝わってきますか？ 子どもは、根拠となる叙述を漠然と捉えています。そんなとき、文の中の一語に焦点化し、スイッチを働かせるための発問です。たとえば「大造じいさんとガン」では、本文に「真っ赤」という一語が出てきます。この「色ことば」から大造じいさんの燃えるような心情が伝わってきます。発問によって、「文末」「複合語」「色ことば」など、見逃しがちな言葉にスポットライトを当ててみましょう。
	けずって比べる	「ぐったりと」をけずって、比べて考えてみましょう。 「たんぽぽのちえ」に、「そうして、たんぽぽの花のじくは、ぐったりとじめんにたおれてしまいます。」という一文があります。「ぐったりと」という「物語的表現」がなくても意味は通じます。では、どうして筆者はそのような表現を用いたのでしょうか。もとの文から「ぐったりと」をけずり、比べて考えてみます。そうすることで、そのスイッチがあるよさや効果に気付きます。
	変えて比べる	「帰ってきたのです。」が「帰ってきました。」では、どんな違いがありますか？ 「スーホの白い馬」の「大好きなスーホのところへ帰ってきたのです。」という一文。文末に着目したい場合、「きたのです」を「きました」に変えて比べてみることが有効です。すると「のです」の強い文末表現から、白馬のスーホへの愛情や必死さが伝わってきます。「文末」以外にも「くり返し」「オノマトペ」「色ことば」など、スイッチの効果を考えたいときは変えて比べてみるとよいでしょう。

第**2**章

実践編

1年 「はなのみち」

❶ 単元の目標

場面の様子やくまさんの行動など内容の大体を捉え、好きな場面を選んで音読することができる。

❷ 本単元で働かせるスイッチ

［ ◎習得スイッチ ］

登場人物　挿絵　会話文と地の文　行動と表情

❸ 教材の特徴とスイッチ

「はなのみち」は、くまさんの行動を中心に四つの場面で構成されています。この物語文で、子どもたちは登場人物の行動や場面の様子を想像しながら、「誰が何をしたのか」「誰が何を言ったのか」という内容の大体を捉える学習にのぞみます。どのスイッチを働かせれば、どんなことが読めるようになるのか、スイッチと教材の特徴を重ね合わせて考えていきたいと思います。

▶ 物語を見つめる目「登場人物」

物語文になくてはならない存在が 登場人物 です。初めての物語文である「はなのみち」では、誰が何を言ったりしたりしたのか、 登場人物 を見つめる目を育みましょう。まずは、登場人物は誰かを捉えることが大切です。この物語では「くまさん」「りすさん」という二人の 登場人物 が出てきます。「主人公はどっち？」と尋ねると、子どもたちは元気よく「くまさん！」と声をそろえて答えるでしょう。この物語の行動の中心はくまさんであり、会話文も複数あり、「くまさんが」という主語から文が始まることがその理由として挙げられます。登場人物の情報を多く集めることが、物語文を読む楽しさを味わうことにつながります。

▶「会話文」から登場人物の気持ちや性格などを捉えることができる

「はなのみち」は、 会話文と地の文 からできています。 会話文 を見つけたら、誰が言った言葉なのかをしっかりと確認することが大切です。「はなのみち」では、 会話文 が２か所あります。ここでは、「しまった。あながあいていた。」と言ったのは誰かを考えてみます。「くまさんが言いました。」とは書かれていませんが、その前には「くまさんが、ふくろをあけました。」という 地の文 が書かれています。そこから、くまさんが言ったということが分かります。くまさんのがっかりして残念そうな気持ちが伝わってきませんか。このように 会話文 からは、登場人物の気持ちはもちろん、性格や人物像（低学年のスイッチではありませんが）などを想像することができるのです。

▶ 登場人物の気持ちと結び付く「行動と表情」

「はなのみち」では、くまさんの 行動 が分かりやすく描かれています。「くまさんが」という主語が明記され、「みつけました。」「ききにいきました。」「あけました。」と続きます。 行動と表情 を捉えることは、登場人物の気持ちを解釈したり、想像したりすることにつながります。それについては、１年「たぬきの糸車」、３年「春風をたどって」などで解説していますのでご覧ください。

▶「挿絵」は重要な情報源

「はなのみち」は、色彩豊かな 挿絵 が印象的です。 挿絵 は、様々な情報を子どもたちに与えてくれます。ここでは、動物の種類や数、木や花の様子に着目しましょう。冬と春に分かれる２つの場面を比べると、その違いに目を向けることができます。春の方が動物の種類が増え、その表情もにこやかです。木の葉は緑色、花も色とりどりに咲いていて、時間の経過や動物の様子について想像を膨らませることができます。みんなが、花の一本道を喜んでいることも伝わってます。 挿絵 は文章の情報を補うだけでなく、時に、書かれていること以上の情報を与えてくれます。次の物語文で、「挿絵を見ると、こんなことが分かるよ！」という子どもたちの声が聞かれるよう本単元を進めていきたいですね。

❹ 単元計画（全6時間）

時	学習活動	習得／活用スイッチ
1	○教材「はなのみち」を読み、学習の見通しをもつ。 ・登場人物、場所、季節を捉え、イメージをふくらませる。	挿絵 登場人物
2〜5	○物語の内容を確かめながら、場面の様子やくまさんの行動について考える。 ・地の文と会話文を意識して音読をする。（2時間目） ・挿絵と本文を手がかりに、内容の大体を捉える。（3時間目） ・冬と春の挿絵に描かれているものの違いを考える。 　　　　　　　　　　　　　　　　　　　　　（4時間目） ・春の挿絵から、くまさんと動物たちの言ったことやしたことを考える。（5時間目）	挿絵 会話文と地の文 行動
6	○好きな場面を選んで音読する。 ・二人組で音読を聞き合い、感想を伝え合う。	挿絵 会話文と地の文

❺ スイッチを働かせた授業の姿

［3時間目］ ― 行動 挿絵 会話文と地の文 をもとに、物語の内容の大体を捉える－

学習活動	指導のポイント

どんなお話かな、絵や文から考えよう

一枚目の絵や文から、気付いたことを話しましょう。

C　くまさんが、家の中でふくろをみつけたよ。

C　だから、「くまさんが、ふくろをみつけました。」と書いてあるんだね。くまさんがしたことだね。

C　くまさんが、ふくろの中身を手にとって見ている。

C　すずめが、窓のところでくまさんを見ているよ。

C　くまさんが「おや、なにかな。いっぱいはいっている。」と不思議そうだよ。

☞ Point

挿絵 にはたくさんの情報が載っています。まずは、そこから読み取れることを自由に発表できるようにします。そして、挿絵 と 会話文 をつなげて発問をしていきましょう。

「　」がついているところを会話文といいます。このあと、くまさんは、どうしましたか？

C 何が入っているか分からなくて、ともだちのりすさんに聞きに行ったよ。

C 2枚目の絵を見ると、くまさんがりすさんの家の前で、りすさんを呼んでいるのが分かるよ。

C くまさんは、ふくろの中身を道に落としているよ。

☞Point
2枚目の 挿絵 からも多くの情報が引き出せます。2枚目の 挿絵 から気付いたことを発表するのもよいでしょう。

くまさんは、どうして種を落としたのでしょうか？

C ふくろに、穴があいていたんだよ。

C 3枚目の絵を見ると、穴があいているのが分かるね。くまさんがふくろをあけても、何も入っていなかったんだね。

C だから、教科書にも「くまさんが、ふくろをあけました。なにもありません。」と書いてあるよ。

☞Point
3枚目の 挿絵 につながるところです。絵とくまさんの 会話文 が根拠になり、ふくろに穴があいていたことを捉えることができるようにします。

「しまった。あながあいていた。」と言ったのは、くまさんとりすさんのどちらでしょうか？

C くまさんだよ。ふくろをもっていたのはくまさんだから。

C 「くまさんが、ふくろをあけました。」と書いてあるよね。その後、くまさんが見て何もなかったから、くまさんが言っている。

C くまさんが「しまった。あながあいていた。」と言っているから、「失敗した。」と思っているだろうね。

C くまさんは、がっかりだね。

C せっかく持っていったのに、何も入っていなかったら、すごく残念だと思うよ。

C 私も、間違えたり失敗したりしたときに、「しまった。」と言ったことがあるよ。

☞Point
どちらが話した 会話文 なのか、1年生の最初の段階からしっかり捉えることができるようにしたいですね。

☞Point
くまさんの気持ちは直接書かれていませんが、「しまった。」という言葉に立ち止まることで、くまさんの気持ちについて想像を膨らませることができます。

会話文から、くまさんがどう思ったのか想像することができますね。絵を見ると、りすさんも、何か話していそうですね。

C りすさんが、袋の穴を指差しているから、「見て穴があいているよ。」と教えているのかもね。

☞Point
りすさんの言葉は多様に捉えることができます。 挿絵 やくまさんの気持ちをもとに、子どもたちが想像豊かに考えられるとよいですね。

C りすさんは、「大丈夫だよ。」と言っているのかな。

C りすさんが、「種を落としちゃったんだね。」と教えているのかもしれないね。

それでは、くまさんが落とした種はどうなりましたか？

C 4枚目の絵を見ると、花が咲いて、花の道になったよ。

C 「ながいながい、はなのいっぽんみちができました。」と書いてあるよ。

動物たちがどんなことを話しているのか、会話文を想像すると楽しそうですね。

☞ Point
4枚目の 挿絵 は春になり、明るい様子が伝わります。動物たちがどんな会話をしているか自由に想像を膨らませる学習につなげられるとよいですね。

[4・5時間目] ─ 挿絵 を比べて季節を捉え、くまさんと動物たちの 会話文 を考える─

学習活動	指導のポイント

くまさんと動物たちは、どんな話をしているのかな

2枚目の絵と4枚目の絵を比べましょう。気付くことはありますか？

C 2枚目の絵は、木に葉っぱがついていないし、色が茶色いね。

C だから、2枚目の絵は冬だと思うよ。

C 4枚目は、花が咲いているから春だよ。

C くまさんが落とした種が花になったんだね。

C 4枚目では、茶色の野原が緑になっているしね。

C 4枚目の絵は「あたたかいかぜがふきはじめました。」だから、春になったんだね。

☞ Point
「比べる」という学習活動によって、 挿絵 の色や描かれている植物や動物の種類など、様々な視点から違いを発見できます。物語を見つめる目を育む大切な学習活動です。

「あたたかいかぜ」「ふきはじめる」という言葉からも季節が想像できますね。

C それに、4枚目の方が動物もたくさん出てきて嬉しそう。

C 2枚目の絵は冬だから、動物が少なかったんだね。

☞ Point
子どもたちは、 挿絵 の色彩や登場人物の様子から季節の違いを感じ取るでしょう。本文の「あたたかいかぜが ふきはじめました」を押さえ、春を感じ取れることを学びます。今後につながる大事な読み方です。

4枚目の絵では、どんな動物たちが出てきていますか？

C 4枚目の絵には、かえるがいるよ。おたまじゃくしも！

C くまさんのおうちの上に、最初にいたすずめがいる。

C ちょうちょがとんでいる。春になったから、たくさんの動物たちが出てきたんだね。

4枚目の絵のくまさんが、何か話しているように見えますね。

C 「花が咲いて、よかった。」だと思う。りすさんの家に行ったときは、「しまった。」だったけれど、ほっとしたのかもね。

C 「みんな、花が咲いたよ。出ておいで。」と、大きな声で動物たちに教えているのかも。

> ☞Point
> 挿絵 のくまさんの表情に着目します。子どもたちが、ふくろに穴があいていたおかげで、素敵な花の一本道ができたことを捉えられるようにしましょう。

4枚目の絵で、くまさんと動物たちはどんな話をしているのでしょうか？2枚目の絵と比べながら、会話文を考えてみましょう。

C うさぎ「お花でかんむりがつくれて楽しいな。」

C かえる「きれいなお花がさいているよ。一緒に見に行こう！」

C たぬき「お花の道で、ぽんぽこおどろうよ。」

C りす「たくさんお花がさいて花の道になったね。バンザイ！」

C くま「みんな、一緒に遊ぼうよ。」

> ☞Point
> 2場面と比べることで、動物の描かれている位置や表情など、細かい部分に気付くことができます。その様子から春になった嬉しさを想像し、言葉で表現できるとよいですね。

冬と春の絵を比べて、季節や動物たちの話していることをたくさん考えられましたね。

❻ 今後の教材につながるスイッチ

スイッチ	つながる教材
登場人物	「おおきなかぶ」（1年）→「おむすびころりん」（1年）など
挿絵	「おおきなかぶ」（1年）→「おむすびころりん」（1年）など
会話文と地の文	「やくそく」（1年）→「くじらぐも」（1年）など
行動と表情	「おおきなかぶ」（1年）→「おむすびころりん」（1年）など

「おおきなかぶ」

1年

❶ 単元の目標

　　場面の様子や登場人物の行動など内容の大体を捉え、くり返しや言葉の響き、リズムを楽しみながら音読したり、劇遊びをしたりすることができる。

❷ 本単元で働かせるスイッチ

[◎習得スイッチ]

題名　場面と出来事

くり返し

[○活用スイッチ]

登場人物　行動と表情

挿絵

❸ 教材の特徴とスイッチ

　　「おおきなかぶ」という（題名）から、子どもたちはどのような想像をするのでしょう。「おおきなかぶ」はロシアの民話で、光村図書の文章は西郷竹彦さんが訳したものです。他にも、内田莉莎子さんが訳したものがあり、他の教科書会社や絵本などに掲載されています。

　　「おおきなかぶ」は、登場人物がどんどん増えていくのに、なかなか抜けないかぶを引っ張る様子を描いた（くり返し）のあるリズミカルなお話です。そのため、動作化したりセリフを声に出したりしながら読むことを楽しめる作品になっています。どのスイッチを働かせれば、楽しく物語を読むことができるのか探っていきましょう。

▶ 増えていく「登場人物」と「場面と出来事」

　　まず、（登場人物）が「どういう順番で出てきたのか」「何をしたのか」という内容の大体を正確に押さえるために、（場面と出来事）のスイッチを働かせましょう。場面は、「時間が経つ」「人が入れ替わる」「場所が変わる」際に移り変わります。「おおきなかぶ」は（登場人物）が増え、かぶを引っ張るという出来事をもとに9つの場面に分けることができます。一行空きで示されているので分かりやすいですね。

　　かぶがぬけるまでに、場面ごとに「誰が増えたのか」を順番に押さえることが大

切です。最初は「おじいさん」から始まり、「おばあさん」「まご」「いぬ」「ねこ」と続き、最後に一番小さな「ねずみ」という順番になっています。だんだんと「登場人物」の体が小さく、力が弱くなっていくにもかかわらず、最後にはかぶが抜けるという展開におもしろさが感じられますね。

▶ 展開・フレーズの「くり返し」と「挿絵」

「おおきなかぶ」の特徴である くり返し を確認しましょう。

おじいさんは、かぶを　ぬこうとしました。	「うんとこしょ。どっこいしょ。」 ① けれども、かぶはぬけません。
おじいさんは、おばあさんを　よんできました。	「うんとこしょ。どっこいしょ。」 ② それでも、かぶはぬけません。
おばあさんは、まごを　　　　よんできました。	「うんとこしょ。どっこいしょ。」 ③ やっぱり、かぶはぬけません。
まごは、　　いぬを　　　　　よんできました。	「うんとこしょ。どっこいしょ。」 ④ まだまだ、かぶはぬけません。
いぬは、　　ねこを　　　　　よんできました。	「うんとこしょ。どっこいしょ。」 ⑤ なかなか、かぶはぬけません。
ねこは、　　ねずみを　　　　よんできました。	「うんとこしょ。どっこいしょ。」 ⑥ とうとう、かぶはぬけました。

　登場人物は、「おじいさん、おばあさん、まご、いぬ、ねこ、ねずみ」とどんどん増えていくけれど、なかなかぬけないかぶ。「うんとこしょ、どっこいしょ。」という印象的な くり返し の言葉とともに、「①けれども　②それでも　③やっぱり　④まだまだ　⑤なかなか」のような接続詞や副詞の言葉を少しずつ変えながら、展開がくり返されていきます。

　5回チャレンジしてもかぶは抜けず、がっかり感も最高潮に達します。いよいよ6回目。子どもたちは、次こそかぶが抜けるという期待感をもって、6回目の「うんとこしょ、どっこいしょ。」を言う声の大きさや動作に気持ちを込めるはずです。そして、「とうとう」に気持ちをこめて、喜びを表現するでしょう。リズムを生み出す くり返し は、声に出して読んだり動作化したりすることで、読むことの楽しさを体感できるスイッチです。なお、人物のがっかり感やかぶが抜けたときの喜びは、 挿絵 からも分かります。

❹ 単元計画（全6時間）

時	学習活動	習得／活用スイッチ
1	○教材「おおきなかぶ」読み、学習の見通しをもつ。 ・題名から想像を膨らませ、教師の範読を聞いて、内容の大体を捉える。	挿絵 登場人物 場面と出来事 題名
2・3	○物語の設定と展開などを捉える。 ・誰がどういう順番で出てきて、どうなったお話かを考える。（2時間目） ・くり返し出てくる言葉を見つけて、そのおもしろさやリズムを楽しんで音読する。（3時間目）	挿絵　場面と出来事 登場人物　くり返し 行動と表情
4・5	○グループで役を決めて登場人物になりきって音読する。 ・くり返しの言葉の読み方を考えて楽しむ。（4時間目） ・グループ内で、よさや改善点を話し合いながら練習する。（5時間目）	くり返し
6	○音読や劇の発表をし、学習を振り返る。	

❺ スイッチを働かせた授業の姿

[2時間目] ― 挿絵 を参考にしながら 場面と出来事 を捉え、
登場人物 の順番のおもしろさを考える―

学習活動	指導のポイント

誰が出てきて、どうなったお話かな

 登場人物はどういう順番で出てきましたか？

C　最初に出てくるのは、おじいさん。

C　次は、おばあさんだよ。

C　それから、まご、いぬ、ねこ、ねずみが出てくる。

 では、おじいさんが、最初にしたことは何ですか？

☞ **Point**
まずは、 登場人物 の順番を確認します。黒板に 登場人物 の名前が書いてある短冊を用意して並べるようにするとよいでしょう。

C　おじいさんは、最初にかぶの種をまいたよ。

C　おじいさんは、「あまいあまいかぶになれ。おおきなおおきなか
　　ぶになれ。」と言いながら、かぶを育てたんだよ。

　「あまいあまい」「おおきなおおきな」と２回くり返
　　　　　　　　　　し28いると、どんな感じがしますか？

C　とてもあまくて、すごく大きなかぶに育ってほしいと願っ
　　て言ったと思う。

C　１回よりも２回くり返す方が、おじいさんの気持ちが伝わるよ。

C　だから、おじいさんの気持ちが通じて、「あまいあまい、おおき
　　なおおきなかぶになりました。」と書いてあるよ。

☞Point
「くり返し」は次の時間で習得し
ます。ここでは、「くり返し」の
言葉のもつよさを感じられるよう
にしましょう。「あまい」と「あま
いあまい」では、どのように違う
かを比べて考えてみることもで
きます。

　そのかぶは、どれくらい大きなかぶだったのです
　　　　　　　　　　か？

C　絵を見ると分かるよ。葉っぱは、おじいさんより大きいよ。

C　おじいさんやおばあさんたちが、かぶの上に座って休憩してい
　　るよ。それくらい巨大なかぶ。

C　最後の抜けたところの絵を見ると、かぶはおじいさんたちより
　　大きいよね。

C　ものすごく大きかったから、おじいさんはかぶを抜くことがで
　　きなかったんだね。

C　だから、おじいさんはおばあさんを呼んできたよ。

☞Point
ここは 挿絵 に注目します。い
ろいろな 挿絵 がありますので、
「何ページの挿絵」と、子どもが
どの 挿絵 を根拠にしている
かを言えるようにしたいですね。

　ここで、誰が誰を呼んできたのか確認をしましょう。

C　おじいさんが呼んできたのは、おばあさんだけだよね。

C　その次に、おばあさんはまごを呼んできているね。

C　それから、まごは犬を呼んできたんだよ。

C　そして、犬はねこを呼んできた。

C　最後は、ねこはねずみを呼んできているね。

C　とうとう、最後にかぶが抜けたよ。

☞Point
「誰を誰がひっぱったのか」を
挿絵 と本文とを対応させなが
ら確認してもよいでしょう。挿絵
の一番左にある「かぶを」から始
まり、挿絵では左から右へ「前の
人を後ろの人が引っ張って」と続
いていく文の構成になっている
のが分かります。

　もし、登場人物が出てくる順番が違ったら、どう思
　　　　　　　　　　いますか？

C　出てくる人の数は変わらないから、やっぱりかぶは抜けたと思

☞Point
ここでは、登場人物 を書いた
短冊を用いるのが効果的です。
ためしにバラバラの順序にして

う。

C でも、もし出てくる順番が反対だったら、おもしろくないよ。最後に、一番力のあるおじいさんが来て抜けてもあたり前のように感じる。

C だんだん体も力も小さくなるからおもしろいんだよね。

C 最後に一番小さなねずみがひっぱって抜けたから、「おおきなかぶ」はおもしろいんだよ。

 お話のおもしろさには、出てくる登場人物の順番も大切なんですね。

子どもたちに「この順番でいいかな?」と聞いてみてください。子どもたちは、この物語に出てくる （登場人物） の順序のよさを語り出すことでしょう。

[3時間目] —登場人物の （行動と表情） を考え、

（くり返し） のおもしろさやリズムを楽しんで音読する—

学習活動	指導のポイント

くり返して出てくる言葉の言い方を考えながら、音読しよう

 お話の中で、何回もくり返される言葉は何でしょうか?

C 「うんとこしょ。どっこいしょ。」だと思う。

C 数えてみると6回も出てくるよ。

C 1回目はおじいさんが1人で言っているけれど、1人ずつ人が増えていって、6回目は6人で言っているってことだね。

C 音読するときは、どんどん声が大きくなるんだね。最後を一番大きく読みたいね。

☞ Point
まず、子どもたちは「うんとこしょ、どっこいしょ。」に気付くでしょう。出てくる「登場人物」と、（くり返し） の言葉を板書し、人数が変わることで声の大きさなど音読の仕方が変わることを押さえましょう。

 他に、くり返されている言葉はありますか?

C 「かぶはぬけません。」もくり返し出てくるよ。

C でも、「かぶはぬけません。」の前についている言葉は違うよ。

 「かぶはぬけません。」の前に、5つの言葉が出てきますね。どのような言葉でしたか?

C 最初は「けれども」、次は「それでも」、「やっぱり」、「まだま

☞ Point
「けれども」「それでも」「やっぱり」「まだまだ」「なかなか」という5つの言葉を短冊で用意しま

36

だ」、最後は「なかなか」だよ。

C 似ているけれど、少しずつ違うよね。

C 言葉は違うけれど、意味が似ているんじゃないかな。

5つの言葉を比べると、何か気付くことはありますか？

C 「けれども」「それでも」は、人を呼んできたけれども、人を呼んできたのに抜けなくてがっかりという感じがする。

C 「やっぱり」と「まだまだ」は「やっぱりだめか。まだまだだめだ。」という、あきらめている感じかな。

C 「なかなか」は、人をたくさん呼んできてずっと引っ張っているのに抜けないから、時間がかかっている感じがするよ。

では、「うんとこしょ」から「かぶはぬけません。」までを続けて音読します。どんな感じがしますか？

C くり返されているから、覚えやすいよね。

C もう教科書を見ないで音読することができるよ。

C リズムにのって音読できる。音読するのが楽しいよ。

C 体が自然と動いてくる感じがするね。

C 音読劇が楽しみになってきたよ。

くり返しの言葉はリズムがあるし、覚えやすいですね。音読をするときも工夫ができそうですね。

す。バラバラにして順番を考えることで、言葉の感覚が磨かれるでしょう。

☞**Point**

「それでも」「やっぱり」抜けなかったとき、おじいさんたちは、どのような表情をしていたのでしょう。 行動と表情 のスイッチである、 表情 に注目して考えることもできます。

☞**Point**

場面ごとの「うんとこしょ、どっこいしょ。○○、かぶはぬけません。」を5回続けて音読してみます。子どもたちはリズムのよさや言葉の響きを味わい、 「くり返し」 のよさに気付くことでしょう。「とうとう、かぶはぬけました。」までを入れて音読すると、さらに読むことが楽しくなってきます。

6 今後の教材につながるスイッチ

スイッチ	つながる教材
登場人物	「おむすびころりん」（1年）→「やくそく」（1年）など
場面と出来事	「たぬきの糸車」（1年）→「ずうっと、ずっと、大すきだよ」（1年）など
挿絵	「おむすびころりん」（1年）→「やくそく」（1年）など
くり返し	「おむすびころりん」（1年）→「くじらぐも」（1年）など
行動と表情	「おむすびころりん」（1年）→「やくそく」（1年）など
題名	「やくそく」（1年）→「ずうっと、ずっと、大すきだよ」（1年）など

「おむすびころりん」

❶ 単元の目標

　場面の様子やおじいさんたちの行動など内容の大体を捉え、役になりきって音読することができる。

❷ 本単元で働かせるスイッチ

[○活用スイッチ]

挿絵　くり返し　行動と表情

[・定着スイッチ]　登場人物

❸ 教材の特徴とスイッチ

　「むかし　むかしの　はなしだよ。」から始まる「おむすびころりん」は、羽曽部忠さんの描く昔話です。文章全体が基本的に七音・五音で構成されており、語のまとまりや文章のリズムを感じながら読むことができます。「はなのみち」と「おおきなかぶ」で習得した 挿絵　くり返し　行動と表情 を活用すると、昔話の不思議さや楽しさ、おじいさんやおばあさんとねずみとの関わりから感じられる温かさを十分に味わうことができます。言葉の響きやリズムにのって読むおもしろさを感じたり、物語の世界を豊かに想像したりしながら、昔話に親しむ学習にしたいですね。

▶ リズムを生み出す「くり返し」

　「おむすびころりん」といえば、代表的なフレーズが「おむすびころりんすっとんとん。ころころころりんすっとんとん。」ですね。これは、おじいさんが穴をのぞいた場面で、穴から聞こえてきた「うた」です。このフレーズがくり返されることで、調子のよいリズムを生み出し、わくわくしながら読むことにつながります。手拍子に合わせてみんなで声をそろえて読めば、心地よく進むテンポを感じながら、音読をする楽しさを味わうことができます。さらに、徐々に読む人数を増やす

など、人数を変えたり、動きを取り入れて読んだりするなど、子どもたちのアイデアを生かしながら読み方を考えてみると、音読しながら演じる楽しさも感じられるでしょう。 (くり返し) が生み出すリズムを子どもたちと心ゆくまで楽しみたいですね。

▶ 「挿絵」を手がかりに、おじいさんの「行動と表情」に着目する

低学年では、とりわけ行動描写に着目することが大切です。まず、おじいさんの (行動) を表す言葉を探してみましょう。

> 「はたけをたがやす」「つつみをひろげる」「まてまてまてとおいかける」「のぞいてみる」「みみをあてる」「ふたつめをころがす」「おどりだす」「あしをすべらせる」「あなにとびこむ」「おどりをみる」「おうちにかえる」「おばあさんとおどる」「こづちをふる」「おばあさんとなかよくくらす」

おじいさんの (行動) を表す言葉に立ち止まれば、出来事を正確に捉えることができます。これらの言葉をもとに、おじいさんがどんな動きをしているか動作化すると、おじいさんの様子について想像を広げることができます。

たとえば、穴から歌が聞こえてくる場面で「のぞいてみる」「みみをあてる」という (行動) を (挿絵) を手がかりに動作化してみてください。かがんで穴の中をのぞいたり、穴に耳を近づけて手をあてて聞こうとしたりするでしょう。また、 (表情) にも注目です。「おじいさんはどんな顔をしてのぞいていたのかな」と問えば、眉間にしわを寄せてのぞいたり、口を閉じてじっと聞いたり、子どもたちは様々な表情を浮かべるでしょう。そのときに子どもたちに「どうして、そんなふうに動いたの？そんな顔にしたの？」と、インタビューしてみてください。「だって、おにぎりがなくなって焦っているから」「この穴の中はどうなっているかなと不思議に思っているから」など、おじいさんの (行動と表情) の理由を気持ちと結び付けて答えてくれるでしょう。

気持ちを想像することは低学年の指導事項ではありませんが、 (行動と表情) を考えることは気持ちを想像することに結び付きます。ぜひ、セットで覚えるとよいですね。

4 単元計画（全5時間）

時	学習活動	習得／活用スイッチ
1	○教材「おむすびころりん」を読み、学習の見通しをもつ。	
2・3	○物語の内容の大体を捉え、音読をする。 ・「くり返し」の言葉を見つけて、リズムを楽しんで音読する。 　　　　　　　　　　　　　　　　　　　　　　（2時間目） ・挿絵をもとに、おじいさんがしたことや様子を考える。 　　　　　　　　　　　　　　　　　　　　　　（3時間目）	くり返し 挿絵 行動
4	○グループで役割を決めて、役になりきって音読する。 ・くり返しや言葉のリズムに合わせて、読み方を工夫する。	くり返し
5	○音読発表会を開き、学習を振り返る。 ・他のグループの読み方でよかったところを伝え合う。	

5 スイッチを働かせた授業の姿

［2時間目］ ― くり返し に着目し、言葉のリズムにのって読むことを楽しむ ―

学習活動	指導のポイント

くり返し出てくる言葉を見つけて、リズムを楽しんで音読しよう

今までに「はなのみち」「おおきなかぶ」のお話を読みましたね。みんなでどんなことを考えたり、楽しんだりしましたか？

☞Point
まずは、今までの物語文の学習を想起するところから始めます。「おおきなかぶ」の くり返し に着目した発言があれば、ぜひ価値付けて次の展開につなげていきましょう。

C　お話に誰が出てくるのかを考えたよ。

C　「はなのみち」で、絵を見ながら、動物たちが話したことをたくさん考えられて楽しかったよ。

C　「おおきなかぶ」は、「うんとこしょ。どっこいしょ。」に合わせてひっぱる動きを考えたよね。劇遊びが楽しかったな。

C　くり返しの言葉をたくさん見つけたね。「うんとこしょ。どっこいしょ。」は6回、「ひっぱって」は20回くらい出てきた。

では、「おむすびころりん」でも同じように考えてみましょう。まず誰が出てきますか。そして、どんなお話ですか？

☞Point
「誰が歌っているのか、誰が踊っているのか」など、「登場人物」

C　出てきたのは、おじいさんとねずみ、おばあさんだよ。

C　「おおきなかぶ」に似ているよ。また、おじいさんとおばあさん、ねずみが出てくるんだ。

C　「おむすびころりん」は、おじいさんが、畑でおむすびを転がして、穴に落ちた話だね。

C　ねずみのおうちで、たくさんのねずみが踊ってくれて、おじいさんはこづちをもらったんだよ。

C　おじいさんがおうちに帰って、こづちをふって、おばあさんと一緒に踊ったら、お米とこばんがざくざく出てきたよ。

 「おおきなかぶ」のように、くり返し出てくる言葉はありましたか？

C　「おむすびころりん　すっとんとん。」「ころころころりん　すっとんとん。」がくり返して出てくる。

C　数えると4回も出てきたよ。

C　最初の3回は、ねずみが歌っているね。

C　歌みたいで、踊りたくなるよね。楽しい気分になって、おじいさんも「うたにあわせておどりだす。」と書いてあるよ。

C　じゃあ、最後の「おむすびころりんすっとんとん。」は誰が歌っているのかな。

C　おじいさんが家に帰ってきて、おじいさんとおばあさんが歌っているんだと思うよ。おじいさんとおばあさんの楽しそうな様子が分かるよね。

 先生が手拍子をするので、みんなも一緒に声に出して読んでみましょう。どんな感じがしますか？

C　（手拍子しながら）「おむすびころりん　すっとんとん。ころころころりん　すっとんとん。」

C　手拍子に合わせて読むと自然と体が動いてわくわくするね。

C　体がつい動いちゃうよ。読んでいてとっても気持ちいいな。

C　読んでいてすごく楽しいよ。

 他のところも、同じリズムで読めそうですよ。

C　（手拍子しながら）「むかしむかしのはなしだよ。やまのはたけ

がしたことを板書しながら、物語の内容を正確に押さえることが大切です。

☞Point
「おむすびころりんすっとんとんは、何回出てきますか。」などと発問しながら、 くり返し 出てくるフレーズだということを捉えられるようにしましょう。最後の「おむすびころりん」は、おじいさんとおばあさんが楽しく歌ったという捉えでよいでしょう。

☞Point
手拍子を付けることで、リズムにのって読むことができます。リズミカルにお話が展開していくことも感じながら、みんなで声を出して読むことを楽しめるようにしましょう。

をたがやして…。」

C　お話全部が手拍子に合うね。「おむすびころりん」は、リズムにのって楽しく読めるお話なんだね。

特に「くり返し」のところは、手拍子にのってリズムよく読めるようになっていて楽しいですね。

[3時間目] ― 挿絵　行動　くり返し に着目して、おじいさんの様子を考える―

学習活動	指導のポイント

おじいさんのしたことや様子を考えよう

最初に、おじいさんはどんなことをしたのでしょうか？

C　最初は、畑を耕していたよ。そして、おむすびを食べようとしたら、転がっていったよ。

C　「まてまてまてと」おじいさんは、おむすびを追いかけていったよね。

C　だけど、そのおむすびは穴の中へ入ってしまったよ。

おむすびが転がっていって、おじいさんはどんな様子だっだでしょう？

C　おむすびが「ころころころりんかけだした。」とあるから、おむすびが走るように速く転がって、びっくりした。

C　おじいさんはお腹がすいているから、あわてたと思うよ。

C　おじいさんは、「まてまてまて」と3回くり返しているよ。

「くり返し」によく気が付きましたね。「まて」と「まてまてまて」は、違いますか？

C　「まて」より、しまったという気持ちが強いと思うな。

C　「まてまてまて」だから、おじいさんのおむすびを食べたいことがよく分かるよ。

C　「おおきなかぶ」でも、「あまいあまい」「おおきなおおきな」とくり返している方が、おじいさんの強い気持ちが分かったから、

☞Point
「たがやす」「つつみをひろげる」「のぞく」「みみをあてる」は、子どもたちの日常生活ではなかなか登場しない言葉です。挿絵とも対応させながら、おじいさんのしたことを捉えられるようにしましょう。

☞Point
「まて」と「まてまてまて」を比べてみると、くり返しのよさを実感できるでしょう。おじいさんの行動や様子を、より豊かに想像することができますね。また、「おおきなかぶ」の発言が出ない場合は、発問をして考えられるようにします。

それと同じだね。

では、おじいさんはお腹がすいていたのに、どうして2つ目のおむすびを転がしたんでしょうか？

C 「これはこれはおもしろい。」とおじいさんが言っているから、歌が聞こえたのがおもしろかったから。

C もう一度聞きたくて、おむすびを転がせばいいと思った。

C おむすびを転がしたら同じ歌が聞こえてきて、おじいさんは嬉しかったと思うよ。そのあと、歌に合わせて思わず踊ったと書いてあるから。

C 「おなかがすいていることなんか、わすれてしまったおじいさん。」と書いてあるから、よっぽど楽しい気分になったんだろうね。

C それで踊っていたから、足をすべらせてしまったんだね。

C でも、ねずみに会えて、お礼のこづちをもらえたよ。

☞Point
このように、(行動)の理由を問うことで、おじいさんの気持ちを考えることにつながります。それほど「おむすびころりん」の歌が楽しく、明るいものだったということが分かります。

この後、おじいさんは、「あれあれあれ」と言っていますね。何が起こったのですか？

C こづちをふったら、「しろいおこめ」と「きんのこばん」がたくさん出てきたよ。

C おじいさんは、何かが出てくると思っていなくてびっくりして「あれあれあれ」と3回くり返したんだと思う。

C おむすびが転がったときも、焦って3回「まてまてまて」だったよね。

☞Point
なぜ「まてまてまて」「あれあれあれ」は、「まて」や「あれ」の1回ではなく、3回くり返したのでしょう。(くり返し)からリズムのよさを感じるとともに、焦ったりびっくりしたりするおじいさんの様子を捉えましょう。

行動やくり返しの言葉を見つけると、おじいさんの様子が詳しく想像できましたね。

6 今後の教材につながるスイッチ

スイッチ	つながる教材
挿絵	「やくそく」（1年）→「くじらぐも」（1年）など
くり返し	「くじらぐも」（1年）→「たぬきの糸車」（1年）など
行動と表情	「やくそく」（1年）→「くじらぐも」（1年）など

1年

「やくそく」

❶ 単元の目標

　場面の様子やあおむしたちの行動など内容の大体を捉え、グループで場面を選んで音読することができる。

❷ 本単元で働かせるスイッチ

[◎習得スイッチ]

作者（訳者）と出典　　オノマトペ

[○活用スイッチ]

会話文と地の文　　行動と表情

題名　　挿絵

[・定着スイッチ]　　登場人物

❸ 教材の特徴とスイッチ

　あおむしが1匹、2匹、3匹と増えていく展開は「おおきなかぶ」に似た、くり返しの展開です。3匹になったところでおおげんかになりますが、おおきな木の言葉をきっかけに世界の広さを知り、未来の約束をするという結末を迎えます。友達や兄弟とのけんかや分かり合えたことなど、自分の体験と結び付けながら読むことで、物語を身近に感じられるようにしたいですね。

▶ **場面や人物の様子、行動を鮮やかに描き出す「オノマトペ」**

　今回、新たに習得するスイッチが オノマトペ です。まず、あおむしが葉っぱを食べている音「むしゃむしゃ」「もりもり」。勢いよく、元気に食べている様子が容易に想像できます。しかも、「むしゃむしゃむしゃむしゃ」「もりもりもりもり」と言葉がくり返されています。よほどお腹を空かせているのか、我先にと葉を食べている様子が伝わってきます。 オノマトペ に立ち止まることによって、登場人物の様子を豊かに想像することができるのです。

　また、あおむしが大きな木を下りてくる様子の「くんねりくんねり」は、印象的な オノマトペ です。動作化で表現してみると、実に様々な動きが生み出されるで

しょう。そのときに感じた動きのおもしろさをもとに、「くんねり」の音の響きや様子を言葉として味わうことも大切にしたいですね。

このように、（オノマトペ）に着目することで、場面や登場人物の様子を写真や映像のように具体的に想像することができるようになります。（オノマトペ）を楽しむ活動を取り入れると、子どもたちは別の物語を読んだときに、自然とその言葉に目を向けるようになるでしょう。子どもたちが想像の翼を広げ、教室で仲間と物語を読む楽しさを味わうことにつながるとよいですね。物語の世界で想像を膨らませながら読む楽しさを味わう（オノマトペ）は、今後も重要なスイッチです。

▶ 物語を生み出した「作者」の存在

物語を作った人を（作者）といいます。物語の内容や設定、登場人物の名前や人数などを考え、物語を紡ぐ言葉のすべてを生み出した人です。「やくそく」の作者は、小風さちさんです。著書に、絵本「わにわにシリーズ」や翻訳作品もあります。（作者）を意識することで、他の作品に目を向けたり、作品が描かれた背景や思いを知ったりすることができます。（作者）に関する情報を集めることで、作品を読む前提が変わります。教材研究を始める上で欠かせないスイッチです。

▶「会話文」に着目し、登場人物の言動を押さえる

「やくそく」には、誰が発した言葉なのか、注意しないとよく分からない（会話文）があります。たとえば、けんかをした３匹のあおむしが初めて海を見る場面です。

> 「わたしも、あそこまでとんでみたい。」

これは、何匹目のあおむしが言った言葉でしょうか。（会話文）のスイッチを働かせて答えを探してみると、自分のことを「わたし」と表現しているのは２匹目のあおむしです。また、「そらも」「わたしも」と「も」をつけて会話をしています。このような言葉の使われ方から、話者が特定できます。低学年では、物語の出来事や結末などを大づかみに捉えることが大切です。そのために、（会話文）の話者を確認し、あおむしの言動や様子など、人物に関する情報を確実に集めましょう。

❹ 単元計画（全8時間）

時	学習活動	習得／活用スイッチ
1	○教材「やくそく」を読み、学習の見通しをもつ。 ・題名と作者を確認し、題名から想像することや自分の体験などを出し合う。	題名 作者（訳者）と出典
2〜5	○「やくそく」の内容の大体を捉える。 ・会話文と地の文を考えながら、音読をする。（2時間目） ・誰が、どこで、何を言ったのかを捉える。（3時間目） ・3匹のあおむしが、けんかをやめた理由を読み取る。 　　　　　　　　　　　　　　　　　　　　　　　（4時間目） ・「くんねりくんねり」動くあおむしの様子を具体的に想像する。（5時間目）	会話文と地の文 行動 オノマトペ 挿絵
6	○物語の続きを想像して、3匹のあおむしのその後を考える。	行動 オノマトペ
7・8	○グループで好きな場面を選んで音読する。 ・音読したい場面を選び、役割読みをする。（7時間目） ・グループの音読を聞き合って感想を伝え合い、学習を振り返る。（8時間目）	

❺ スイッチを働かせた授業の姿

［3時間目］ ― 会話文 オノマトペ に着目し、あおむしの 行動 の様子を捉える―

学習活動	指導のポイント

あおむしたちの様子を想像しよう

 「やくそく」は、誰が出てくるお話ですか？

C　あおむしとおおきな木の話だよ。

C　あおむしは3匹出てきたよ。

 どうして、3匹と分かるのですか？

☞ Point

あおむしの数を問うことで、

会話文と地の文 や「挿絵」に目

46

C 「いっぴきめがいいました。」「にひきめもいいました。」「さんび
きめがいいかえしました。」と書いてある。だから、3匹いるこ
とが分かるよ。

C 最初は「いっぴきのあおむしがいました。」と書いてある。でも、
ある日、「じぶんとそっくりなあおむしが、おなじ木ではをたべ
ています。」から、2匹いることが分かるよ。

C それから「じぶんたちとそっくりなあおむしが、おなじ木で、は
をたべています。」とあるから、全部で3匹だよ。

C 絵を見ても分かるね。

C 青とピンクと黄色で、3匹のあおむしの絵が描いてある。

 そうですね。では、あおむしは何をしているので
しょうか?

C 1匹目のあおむしは、おおきな木の葉っぱを食べて、ちょうに
かわる日を待っているんだよ。

C 毎日、葉っぱを食べているよ。

C 2匹目のあおむしも、おおきな木の葉っぱを食べているよ。

C 「むしゃむしゃむしゃむしゃ」と書いてあるよね。

 「むしゃむしゃむしゃむしゃ」という音から、どん
な感じがするでしょうか?

C たくさん食べている感じがするよ。

C お腹がすいている感じ。葉っぱにかぶりついているんだよ。

C すごい勢いで食べているみたい。

 音を表す言葉を「オノマトペ」と言います。さて、
そこに3匹目のあおむしが来ましたね。どんな音が
聞こえましたか?

C 今度は「もりもりもりもり」という音が聞こえたよ。

C 「もりもりもりもり」だから、3匹の中で一番食べているのかも
しれないね。

C 「もりもりもりもり」は、元気いっぱいという感じがする。

C ぼくも、毎日給食をもりもり食べているよ。

C たくさん食べている感じだよね。

を向けることができます。本文
の言葉から「登場人物」の情報を
集めるようにしましょう。

☞Point
会話文 の話者が分かるように、
1匹ごと色をかえて 会話文 に
印を付けると、より具体的な映
像が頭に浮かびます。おおきな
木の 会話文 にも印を付けて、
話者を可視化しましょう。

☞Point
オノマトペ に着目し、3匹が葉
を食べている音から、その様子
を具体的に想像できるようにし
ます。

☞Point
「むしゃむしゃ」と「もりもり」の
違いを動作化で表現してみると
おもしろいですね。また、「もり
もり食べたことはあるかな?」な
どと聞き、自分の体験と結び付
けて発言できるようにしたいと
ころです。

47

オノマトペは、あおむしの食べている様子がよく分かっておもしろいですね。では、どうしてあおむしたちはけんかをしているのでしょうか？

C 「むしゃむしゃ」「もりもり」という音だから、自分がいっぱい食べたいんだよ。だから、けんかになったんだ。

C 「からだがちょうにかわるひをまっていました。」と書いてある。だから、たくさん食べて早くちょうになりたいから、けんかになったと思う。

C 3匹が同じ木で葉っぱを食べていたから、大げんかになったんだよ。

C ぼくも1本しかないジュースを弟と取り合いになって、けんかになったことがある。

では、3匹はどうしてけんかをやめたのでしょうか。次の時間に考えましょう。

☞ **Point**
けんかになった理由を(会話文)と結び付けて考えてもよいでしょう。それぞれが自分のことしか考えていないことが分かります。また、ここでも自分の体験と重ねて考えることができます。自分の体験を振り返りながら想像を広げて読みたいですね。

[4・5時間目] ─(会話文と地の文)(オノマトペ)(挿絵)に着目して、あおむしの行動や様子を読み取る─

学習活動	指導のポイント

あおむしたちは、どうしてけんかをやめたのだろう

3匹は、どうしてけんかをやめたのでしょうか？

C 突然、おおきな木に「うるさいぞ。」と怒られたからだよ。

C おおきな木に「そとのせかいをみてごらん。」と言われて、上にのぼっていったよ。そうしたら、「こんなにひろいところにいたんだね。」と分かったよね。

C 遠くに海が見えて、きれいだと思ったんだ。だから、けんかをやめたんだと思う。

C きらきら光る海が見えて、けんかなんか吹き飛んじゃったと思うよ。絵もとってもきれいだね。

C 「わたしも、あそこまでとんでみたい。」と、感動しているよ。そして、「それなら、みんなでいこう。」とやくそくをしたから、け

☞ **Point**
おおきな木が言葉を発する前の「そのときです。」という地の文に着目できるとよいですね。これから何かが起こると予感させる言葉として、物語では多用されています。

☞ **Point**
あおむしたちの会話と(挿絵)を結び付けて、読み取ることができるようにします。

んかも終わったね。

「わたしも、あそこまでとんでみたい」と言ったのは、何匹目のあおむしでしょうか？

C 「わたし」と言っているから、２匹目だと思うよ。

C ２匹目のあおむしは、「わたしのはっぱをたべないで。」と、自分のことを「わたし」と言っているよ。

C そうしたら、その前の「きれいだね。」と言ったのは、１匹目のあおむしだね。

C 「それなら、みんなでいこう。」は、３匹目のあおむしだね。

このあと、３匹は「くんねりくんねり」下りていきましたね。どんな様子で下りていったのでしょうか？

C ゆっくりという感じがする。

C のんびりしている感じ。みんなで仲良くなったんだよ。

C 体が伸びたり縮んだりしているんだよ。

C やくそくをした３匹は、このあと本当に飛んでいったのかな。続きを知りたい。

それでは、次の時間は、あおむしたちはどうなったか、お話の続きを想像しましょう。

☞Point
会話文 に着目すると、２匹目のあおむしが、自分のことを「わたし」と呼んでいることが根拠になります。他にも、「わたしも」「そらも」と「も」を付けて会話をしています。すべての会話の順序は、１匹目→２匹目→３匹目となっていることを確認してもよいでしょう。

☞Point
「くんねりくんねり」は、言葉では表現しにくい オノマトペ です。そこで、ぜひ動作化をしてみてください。一人一人の動作を見ながら、「くんねりくんねりは、どんな感じがするかな？」と問いかけて言語化しましょう。

6 今後の教材につながるスイッチ

スイッチ	つながる教材
オノマトペ	「たぬきの糸車」（１年）→「ふきのとう」（２年）など
題名	「ずうっと、ずっと、大すきだよ」（１年）→「白いぼうし」（４年）など
作者（訳者）と出典	「ずうっと、ずっと、大すきだよ」（１年）→「スイミー」（２年）など
会話文と地の文	「くじらぐも」（１年）→「ふきのとう」（２年）など
行動と表情	「くじらぐも」（１年）→「たぬきの糸車」（１年）など
挿絵	「くじらぐも」（１年）→「たぬきの糸車」（１年）など

「くじらぐも」

❶ 単元の目標

　場面の様子に着目してくじらぐもや子どもたちの行動を具体的に想像し、物語を読んで想像したことを伝え合うことができる。

❷ 本単元で働かせるスイッチ

[○活用スイッチ]

(挿絵)　(会話文と地の文)　(行動と表情)　(くり返し)

[・定着スイッチ]　(登場人物)

❸ 教材の特徴とスイッチ

　「くじらぐも」を読んだときのわくわくする気持ちは、どこから生まれるのでしょう。中川李枝子さんの描く「くじらぐも」は、子どもたちと同じ1年生が青空を舞台に活躍するファンタジー作品です。この物語の魅力を味わうために、子どもたちに身に付けさせたい読みの力を次のスイッチから考えてみましょう。

▶「会話文」をつなぐ「行動」に着目し、登場人物の様子や気持ちを想像する

　「くじらぐも」の魅力の一つは、子どもたちとくじらぐもの (会話文) でしょう。「おうい。」「ここへおいでよう。」「もっとたかく。もっとたかく。」と、校庭と大空の間で言葉が交わされます。ここでは、その (会話文) をつなぐ (行動) を表す言葉に着目して考えてみます。

> ・「おうい」とよびました。「おうい」と、くじらもこたえました。
> ・「ここへおいでよう。」みんながさそうと、「ここへおいでよう。」と、くじらもさそいました。
> ・「もっとたかく。もっとたかく。」と、くじらがおうえんしました。

　もし、下線部の言葉が「言いました。」だったら、印象はどうなるでしょうか。

・「おうい」と言いました。「おうい」と、くじらも言いました。
・「ここへおいでよう。」みんなが言うと、「ここへおいでよう。」と、くじらも言いました。
・「もっとたかく。もっとたかく。」と、くじらが言いました。

　「言いました」にすると、ずいぶん味気ない感じになってしまいます。だからこそ、「よぶ」「こたえる」「さそう」「おうえんする」という行動描写から、遠く離れた雲に向かって一生懸命呼んでいる姿や、くじらぐもに飛び乗ろうとするわくわくした子どもたちの気持ちを想像することができるのです。このように、(行動)を表す言葉には、登場人物の気持ちや様子が伝わってくるものが多くあります。

▶ **想像の翼を広げ、物語の世界に浸る「挿絵」**

　(挿絵)には、様々な情報が含まれています。たとえば、「おうい。」とくじらぐもを呼んでいる1年2組の子どもたち。(挿絵)を見ると、口元に手を当てて走りながら呼んでいる姿が描かれています。くじらぐもが「こっちへおいでよう。」と誘っている(挿絵)は、くじらぐもが手招きしているようにも見えます。(挿絵)によって、子どもたちはさらに想像の翼を広げ、物語の世界に浸ることでしょう。

▶ **リズムを生み出し、想像を広げる「くり返し」**

　「くじらぐも」には、「おうい。」「ここへおいでよう。」「天までとどけ、一、二、三。」「もっとたかく。もっとたかく。」と、フレーズの(くり返し)が出てきます。子どもたちとくじらぐもの掛け合いや、くじらぐもに飛び乗るための掛け声の(くり返し)によって、リズミカルに物語が展開していきます。

　次に、言葉の(くり返し)です。「空は、どこまでもどこまでもつづきます。」の「どこまでも」を一回にして、「空は、どこまでもつづきます。」と比べてみましょう。思い浮かべる空の広さが変わってきませんか。どこまでもどこまでも続く空から、子どもたちが見る景色も広がっていくことでしょう。言葉の(くり返し)は反復とも言います。低学年で言葉の(くり返し)に着目して想像を広げた経験が、高学年での表現の工夫に気付く素地となります。

④ 単元計画（全8時間）

時	学習活動	習得／活用スイッチ
1・2	○教材「くじらぐも」を読み、学習の見通しをもつ。 ・「くじらぐも」を読み、「いいな。」「すてきだな。」と思ったところを中心に初発の感想を書く。（1時間目） ・初発の感想を交流し、学習計画を立てる。（2時間目）	
3〜6	○子どもたちやくじらぐもの言動から内容の大体を捉え、様子を思い浮かべる。 ・登場人物や場所などを確かめ、内容の大体を捉える。（3時間目） ・かぎ（「　」）の音読の仕方を考える。（4時間目） ・子どもたちやくじらぐもの行動を表す言葉について考える。（5時間目） ・くじらぐもに飛び乗るときの様子を想像する。（6時間目）	挿絵 行動 会話文と地の文 くり返し
7・8	○雲の上で子どもたちが話していることを、かぎ（「　」）を使って書く。 ・どんな話をしているか考え、かぎ（「　」）を使って書く。（7時間目） ・友だちと想像したことを聞いて思ったことを伝え合い、学習を振り返る。（8時間目）	挿絵 会話文と地の文

⑤ スイッチを働かせた授業の姿

[5時間目] ― 行動 を表す言葉を比べて、登場人物の様子を想像する―

学習活動	指導のポイント

言葉をくらべて、くじらぐもや子どもたちの様子を想像しよう

みんなは、大きなこえで、「おうい。」とよびました。
みんなは、大きなこえで、「おうい。」といいました。

 「よびました」と「いいました」は、何か違いはありますか？

C 「いいました。」だと、ただ言っただけという感じがするね。

C 「よびました。」の方が、大きな声で「おうい。」とくじらぐもを

☞ Point

行動 に着目し、「呼ぶ」と「言う」を比べて考えます。事前に短冊を用意して文を書いておくと、子どもたちは視覚的に捉えることができるでしょう。

52

呼んでいる様子を想像できるよ。

C 「いいました。」だと普通に声を出している感じ。でも、「<u>よびました。</u>」は遠くに向けて大きな声を出している。

C 絵を見ると子どもたちが走りながら呼んでいるよ。「こっちだよ。」「気付いて。」という感じがするね。

C 「よびました。」の方が、くじらぐもに気付いてほしいという気持ちが伝わってくるね。

 では、「こたえました。」「さそいました。」が「言いました。」だったらどうでしょうか?

C 「<u>こたえました。</u>」の方が、みんなの「おうい。」に返事をした感じがよく分かるよ。

C 「<u>よびました。</u>」の後に「<u>こたえました。</u>」だから、つながっているよ。

C 「みんながさそうと」からは、子どもたちがくじらぐもにこっちに来てほしい気持ちが伝わるね。

C 「<u>さそいました。</u>」のほうが、ただ「いいました。」より、わくわくするよね。

 「いいました」と比べると、様子や気持ちが考えられますね。他にも、「いいました」と変えて考えられるところはありますか?

C 「<u>おうえんしました。</u>」はどうかな。

C たしかに、「いいました。」でも意味は分かる。

C 「<u>おうえんしました。</u>」の方が、くじらぐもが「みんながんばれ」と思う気持ちが伝わってくるね。

C 「いいました。」だと、くじらぐもの「がんばれ」という気持ちが伝わらないよね。

 そうですね。では、次も比べてみましょう。くじらぐもに「とびのろう」を「のろう」にしたらイメージは違いますか?

C 「のろう」だと、すぐ前にあるものに乗るという感じだよ。

C 簡単に乗れる感じがするよね。

C 「<u>とびのろう。</u>」だと、簡単には乗れない高いところにあるもの

☞Point
「挿絵」からも「よびました。」の様子が伝わってきます。「挿絵」と文を重ねながら、想像できるようにしたいですね。

☞Point
ここでも短冊を用意して、比べて考えてみましょう。(行動)を比べる活動の積み重ねにより、子どもたちは(行動)から様子や気持ちを想像できることを実感するでしょう。言葉に立ち止まり、効果を実感する学びは、物語を読み味わうために欠かせません。

☞Point
次は、教師から提示するのではなく、子どもたちから気付けるようにしたいですね。見つけた子どもをぜひ褒めてください。そのくり返しによって、子どもたちはこれからも言葉と丁寧に向き合うようになるでしょう。

☞Point
「とびのる」は「とぶ」と「のる」を合わせた複合語です。今回の習得スイッチではありませんが、「のる」「とびのる」を比べて考えたいところです。複合語は、人物の気持ちや様子を豊かに表現する行動描写だと実感するはず

に向かっていくという感じかな。

C　空の上のくじらだよ。だから、「よーし、がんばるぞ。」という
　　気持ちが伝わってくるよ。

C　思い切りジャンプする感じがするよ。

C　「男の子も、女の子も、はりきりました。」と書いてあるところ
　　につながるね。

比べて考えると、子どもたちやくじらぐもの様子、
気持ちを想像することができましたね。

です。次に物語を読む際、複合
語に立ち止まれたとき、「よく見
つけたね」と大いに価値付けま
しょう。

[6時間目]　―　くり返し　会話文　に着目し、くじらぐもに飛び乗る様子を想像する―

| 学習活動 | 指導のポイント |

くじらぐもに飛び乗るときの様子を想像しよう

C　くじらぐもに飛び乗りたいんだから、みんなで大きな声を出し
　　た方がいいよね。

C　みんなで手をつないで大きく振りながら、ジャンプしているよ。

C　「天までとどけ、一、二、三。」の「三」で大きくジャンプする
　　んだよね。

「天までとどけ、一、二、三。」は、何回言ったので
しょうか?

C　3回だよ。

C　1回目は、「とんだのは、やっと三十センチぐらいです。」から、
　　だんだんとべるようになってきたよ。

「やっと」は、どんな感じですか?

C　少ししかとべなかったという感じ。

C　がんばっても、全然たりない感じだよ。

C　「おおきなかぶ」の「まだまだ、かぶはぬけません。」の「まだ
　　まだ」と似ている感じがするね。

C　でも、くじらぐもが「もっとたかく。もっとたかく。」と応援し

☞Point
「行動」に立ち止まり、「手をつな
ぐ」「まるいわになる」「ジャンプ
する」という言葉をもとに、動作
化しながら想像を広げ、音読の
仕方を考えましょう。

☞Point
「おおきなかぶ」で、「まだまだ」
「やっぱり」「とうとう」という言
葉から、おじいさんたちの気持
ちを想像できることを学びまし
た。この「やっと」からも、子どもた
ちの気持ちを考えることができ
ます。前の学びを生かして読む
経験が、物語を見つめる目を育
みます。

たら、２回目は５０センチくらいジャンプできた。

C 最後３回目のジャンプで、風が吹き飛ばしてくれたんだ。絵を見ると、手をつないで吹き飛ぶ様子がよく分かるよ。

 では、３回の「天までとどけ、一、二、三。」の言い方は同じでいいと思いますか？

C 違うよ。どんどん声が大きくなっているよ。

C くじらぐもが、「もっとたかく。もっとたかく。」と応援してくれたから、気持ちが強くなって、声もどんどん大きくなったと思うな。

C ３回目が一番大きいと思う。みんなで声を合わせるために、「せーの」とかけ声をかけてタイミングを合わせていたかも。

 同じ言葉がくり返されることで、みんなの気持ちが高まっていったことが分かりますね。

C だから、風が応援してくれたのかもね。

C 「そのときです。」と書いてあるよね。「やくそく」で大きな木がぐらりとゆれたときもこの言葉が使われていたよね。

C 「そのときです。」という言葉は、何かが起こる感じがする言葉だね。

 「そのときです。」という言葉は、「やくそく」でもお話を進めてくれた大事な言葉でしたね。

☞ Point
（くり返し）の効果を生かし、子どもたちの声が、どんどん大きくなっているように読みたいですね。「天までとどけ、一、二、三。」のどの部分を強調して音読するかを考えてもよいでしょう。

☞ Point
「そのときです。」は、「何かが起こる」と予感させる言葉だということを「やくそく」で学びました。１年生にして２度目の登場です。この言葉は、物語を動かします。一度立ち止まることができるようになると、次からは浮かび上がるように見えてくるはずです。

6 今後の教材につながるスイッチ

スイッチ	つながる教材
挿絵	「たぬきの糸車」（１年）→「ずうっと、ずっと、大すきだよ」（１年）など
会話文と地の文	「ふきのとう」（２年）→「スイミー」（２年）など
行動と表情	「たぬきの糸車」（１年）→「ずうっと、ずっと、大すきだよ」（１年）など
くり返し	「たぬきの糸車」（１年）→「ふきのとう」（２年）など

「たぬきの糸車」

1年

❶ 単元の目標

　場面の様子に着目して、たぬきやおかみさんの行動を具体的に想像し、好きなところを伝え合うことができる。

❷ 本単元で働かせるスイッチ

[◎習得スイッチ]

気持ち

[○活用スイッチ]

くり返し　行動と表情　場面と出来事
挿絵　オノマトペ

[・定着スイッチ]　登場人物

❸ 教材の特徴とスイッチ

　岸なみさんの描く「たぬきの糸車」は、「伊豆の民話」（1957年）に採録された話がもとになっています。たぬきのユーモラスな行動や、おかみさんとの交流に注目すると最終場面で温かい気持ちになる作品です。思わず真似したくなるたぬきの行動。子どもたちと動作化しながら、どのような言葉や表現が読者である私たちに影響を与えるのか、教材の特徴とスイッチから考えていきましょう。子どもたちが好きなところはどこかを話し合うことが、この単元のゴールです。

▶「行動」を表す言葉から、「気持ち」が見えてくる

　今回、新たに習得するスイッチが 気持ち です。学習指導要領では、気持ち の読み取りは3・4年生からの指導事項になっています。ここでは発展的に取り上げて、どのように 気持ち を捉えるのかを考えていきましょう。気持ち を読むためには、なんといっても 行動 に着目することが大切です。

> たぬきは、まいばんまいばんやってきて、糸車をまわすまねをくりかえしました。

　「まいばんまいばんやってきて」「くりかえしました。」という行動描写に立ち止

56

まります。そこから、糸車を回すまねが楽しくてたまらないというたぬきの気持ちを想像することができるでしょう。

次は、おかみさんの気持ちを想像できる一文です。

> おかみさんは、<u>おもわずふきだしそうになりましたが</u>、<u>だまって</u>糸車をまわしていました。

おかみさんは、どうして、だまって糸車をまわしていたのでしょう。気持ちを考えるためには、登場人物の行動の理由を問うことが効果的です。そこから、「目玉をくるくるさせたり、糸車を回すまねをしたり、そんなたぬきの姿がおもしろかったから。」「もう少し、たぬきの様子を見ていたかったから。」という気持ちが考えられるでしょう。いたずらばかりされて困っていたはずなのに、たぬきのことをプラスの気持ちで見ているおかみさんが見えてきます。最後は、この一文です。

> いたの間に、白い糸のたばが、<u>山のように</u>つんであったのです。

ここでは、「山のように」という比喩がポイントになってきます。どうして、糸のたばが山のようにつんであったのでしょうか。「糸車を回すのが楽しかったから。」「たくさん回せて嬉しかったから。」「わなから助けてくれたおかみさんに喜んでもらいたかったから。」などの考えが浮かんできます。

登場人物の（気持ち）は直接書かれていなくても、登場人物の（行動）を表す言葉から捉えることができるのです。

▶ 読者の想像を豊かにする「オノマトペ」

読者は、（オノマトペ）によって映像を見るように想像をふくらませます。「たぬきの糸車」では、（オノマトペ）の言葉が多くちりばめられています。代表的な「キーカラカラ　キーカラカラ」「キークルクル　キークルクル」という糸車を回す音がくり返され、読者を物語の世界へ誘います。

また、最終場面の「ぴょこん」と庭へとび下りるたぬきからどんな姿を思い浮かべますか。もし「ひょいっ」「ドスン」「ささっ」など他の（オノマトペ）が使われていたら、踊りながら帰っていったたぬきの印象も変わるのではないでしょうか。（オノマトペ）は、物語文を読む力を育むために欠かせないスイッチです。

④ 単元計画（全8時間）

時	学習活動	習得／活用スイッチ
1	○教材「たぬきの糸車」を読み、学習の見通しをもつ。 ・教師の範読を聞き、内容の大体を捉える。	場面と出来事
2〜6	○場面ごとに、たぬきとおかみさんの様子を具体的に想像する。 ・誰が出てきて、場所はどこか、いつのお話かを確かめる。 （2時間目） ・たぬきが、糸車を回すまねをくり返す様子を捉える。 （3時間目） ・おかみさんがたぬきを逃がした理由を考える。（4時間目） ・たぬきが糸を紡いでいた理由を考える。（5時間目） ・おどりながら帰ったたぬきの様子と、おかみさんの心の中の言葉を想像する。（6時間目）	くり返し オノマトペ 行動 気持ち 挿絵
7・8	○好きなところとそのわけを友達と話し合い、学習を振り返る。 ・好きなところとそのわけをノートにまとめる。（7時間目） ・まとめたことを話し合い、学習を振り返る（8時間目）	場面と出来事

⑤ スイッチを働かせた授業の姿

[3時間目] ― くり返し 行動 に着目し、たぬきの 気持ち を想像する―

学習活動	指導のポイント

たぬきが、糸車を回すまねをくり返す様子を想像しよう

たぬきは障子の穴から何を見ていましたか？

C　おかみさんが糸車を回しているのを見ていたよ。

C　「キークルクル」の音に合わせて、2つの目玉をくるりくるりと回したんだよ。おもしろいオノマトペだよね。

C　目玉を回しながら糸車を回すまねもしていたんだから、おもしろいたぬきだね。

糸車を回す音は、どんな感じがするでしょうか？

☞Point
糸車を回す音は、読んでいて楽しい「オノマトペ」です。糸車の

58

では、おかみさんは、どうしてだまって糸車を回していたのでしょうか？

C 「キーカラカラキーカラカラ」「キークルクルキークルクル」というオノマトペがあると、糸車が回っている様子が想像しやすいよね。

C 楽しくなるような音だよね。ウキウキしてくる。

C たぬきも、糸車を回すまねをしている。手と目玉が一緒に回っておもしろい動きをしているよ。

C おかみさんは、たぬきに気付いていたのにだまって糸車を回していたんだよね。

C たぬきの目玉が、糸車に合わせてくるりくるりと回るのがおもしろかったんだと思う。

C 「二つの目玉もくるりくるりとまわりました。」が、とてもかわいく見えたんだよ。

C 「おもわずふきだしそうになりましたが」と書いてあるよ。たぬきの行動がおもしろかったんだね。

C 「いたずらもんだが、かわいいな。」と言っている。たぬきなのにこっそり回しているのがかわいく思えてきたんだよ。

 たぬきは、まいばんまいばんやってきて、糸車を回すまねをくりかえしますね。どうしてでしょうか？

C 「まいばんまいばん」は、毎日ということだよね。それだけ、糸車を回すまねをしたいんだよ。

C 「キーカラカラ」「キークルクル」という音が好きなんだよ。

C 糸車を回すまねをするのが楽しいからだと思うよ。

C 「まいばんまいばん」は、2回くり返してある。それだけ、たぬきは糸車を回すまねをしたいんだよ。

C 「くじらぐも」でも「どこまでもどこまでも」というくり返しが出てきたよね。

C 「どこまでも」が2回あった方が、ずうっと先まで空が広がっている感じがしたよね。

 「くじらぐも」で学んだ「くり返し」からよく想像できましたね。

回る音と目玉を回すたぬきの姿をつなげながら読めば、リズミカルな音の楽しさとユーモラスな様子を感じることができます。

1年 「たぬきの糸車」

☞Point
「どうしてそうしたのか」と (行動) の理由を問うことで、おかみさんの (気持ち) を捉えられるようにします。「いたずらもんだが、かわいいな。」という会話文からもおかみさんの (気持ち) が考えられます。

☞Point
(くり返し) に着目することで、たぬきの (行動) が強く印象付けられることを確認しましょう。たぬきの (気持ち) を読み取ることにもつながります。また、「くじらぐも」など、これまでの学びを生かした発言を価値付ければ、次に物語文を読んだときに、子どもたちは自然と (くり返し) を探すようになります。

☞Point
たぬきの (行動) を表す言葉から、たぬきの (気持ち) を想像

59

C　だから、「まいばんまいばん」からも、たぬきが糸車を回すのが
　　本当に楽しくて、好きな気持ちが伝わるね。

C　「くりかえしました。」からも、糸車を回すまねが楽しくて仕方
　　ないという気持ちが分かる。

C　くり返しやるときは、はまっているときだよ。たぬきは、楽し
　　くてたまらないんだよ。

C　たぬきには、楽しい遊びみたいな感じだったのかもね。

このように、たぬきの行動を表す言葉に立ち止まる
と、たぬきの気持ちが分かりますね。

することができます。 行動 と
気持ち を結び付ける学びをく
り返すことで、物語文を読む楽
しさを味わえるようにしたいです
ね。

[5時間目] ―たぬきの 行動 から、 気持ち や場面の様子を考える―

学習活動	指導のポイント

どうして、たぬきは糸車を回して糸を紡いでいたのだろう

　糸車を回すのが楽しい

C　おかみさんたちがいなくなって、やっと自分で糸車を回せたの
　　がうれしかった。

C　ずっと糸車を回すまねをしていたよね。だから、本物の糸車を
　　回すのがうれしかったんだ。

C　「キーカラカラ」「キークルクル」と自分で糸車を回してやってみ
　　るのが、楽しかったんだよ。

C　「じょうずな手つきで、糸をつむいでいるのでした。」とあるか
　　ら、冬の間、ずっと回していたんだ。それくらい楽しかったん
　　だよ。上手になるとうれしいよ。

　おかみさんのために糸を紡ぐ

C　たぬきは、おかみさんに逃がしてもらったよね。だから、お礼
　　に糸を紡いでいたと思うよ。

C　おかみさんへ「ありがとう」という気持ちで糸を紡いだんだと
　　思う。

C　たぬきは、おかみさんのことが好きになったのかもね。

☞ Point
たぬきの 行動 の理由を問うこ
とで、経過した時の長さや、書
かれていないたぬきの 気持ち
を想像することができます。ここ
では子どもの想像を「糸車を回す
のが楽しい」「おかみさんのため
に」と大別しましょう。それが分
かるように板書して、子どもたち
が可視化できるようにしましょう。

では、たぬきは、どれくらい糸を紡いだのでしょうか？

C 「白い糸のたばが、山のように」と書いてあるから、たくさん積んであるよね。

C 「山のように」積んであったんだから、白い糸の束を高く積むには、すごい量が必要だと思う。

C おかみさんが「山のように」と思うくらいだから、「こんなにたくさん！」と思うくらい多かったんだ。

C 糸を紡いで束にして山のように積むんだから、時間もたくさんかかったかもね。

☞Point
「山のように」という比喩に着目するための発問です。その表現に着目し、どれくらいの量なのかを想像しながら、場面の様子を捉えられるようにしたいですね。

では、この「山のように」から、たぬきのどんなことが分かりますか？

C 冬の間は、ずっと糸車を回していたことが分かるよ。

C きっと、一日も休まないで糸を紡いでいたんだよ。

C だから、「じょうずな手つきで」と、糸を紡ぐのがうまくなっているんだね。

☞Point
「山のように」から、冬の間ずっと糸車を回していたことが分かります。それを捉えた上で、もう一度学習課題に立ち戻って、どうして糸を紡いだのか考えてみてもよいでしょう。

それを見たおかみさんは、どんなことを思ったのでしょうね。次の時間に考えましょう。

6 今後の教材につながるスイッチ

スイッチ	つながる教材
気持ち	「ずうっと、ずっと、大すきだよ」（1年）→「ふきのとう」（2年）など
行動と表情	「ずうっと、ずっと、大すきだよ」（1年）→「ふきのとう」（2年）など
場面と出来事	「ずうっと、ずっと、大すきだよ」（1年）→「スイミー」（2年）など
くり返し	「ふきのとう」（2年）→「スーホの白い馬」（2年）など
オノマトペ	「ふきのとう」（2年）→「まいごのかぎ」（3年）など
挿絵	「ずうっと、ずっと、大すきだよ」（1年）→「ふきのとう」（2年）など

1年 「ずうっと、ずっと、大すきだよ」

❶ 単元の目標

　　自分の経験を結び付けて物語を読み、最も心に残ったことを伝え合うことができる。

❷ 本単元で働かせるスイッチ

[◎習得スイッチ]

カギことば

[○活用スイッチ]

作者(訳者)と出典　題名　挿絵
行動と表情　場面と出来事　気持ち

❸ 教材の特徴とスイッチ

　　「ずうっと、ずっと、大すきだよ」は、（作者）であるハンス＝ウイルヘルムさんが文章と絵の両方を手掛けている、教科書教材では貴重な作品です。光村図書掲載の教材では、2年生の「スイミー」（レオ＝レオニ作・絵）、「お手紙」（アーノルド＝ローベル作・絵）の2編しかありません。この3作品は翻訳されており、（訳者）の語り口も大切です。

　　物語の冒頭、「エルフのことをはなします。エルフは、せかいでいちばんすばらしい犬です。」と、「ぼく」が語り手として物語の話を進める「一人称視点」をとっています。そのため、「ぼく」が考えていることや感じていることが直接的に描かれ、読者は「ぼく」に寄り添い、同じ気持ちで読み進めることができる物語です。

▶ 宝石のように輝く「カギことば」を「題名」と結び付けて

　　（題名）は、読者である私たちに様々な情報を与えてくれます。題名「ずうっと、ずっと、大すきだよ」は、物語の最後に「ぼく」から発せられる言葉です。

> なにをかっても、まいばん、きっといってやるんだ。「ずうっと、ずっと、大すきだよ。」って。

　　倒置法が用いられ、「ずうっと、ずっと、大すきだよ。」が、印象に残る言葉と

62

なっています。「ぼく」のエルフに対する愛情と決意の気持ちが感じられますね。だからこそ、「ずうっと、ずっと、大すきだよ」という 題名 と結び付き、「ぼく」の思いの強さが読者に伝わるのです。

このように、「ずうっと、ずっと、大すきだよ。」という言葉が、物語の中で宝石のように輝く カギことば として効果的な役割を果たし、「ぼく」の気持ちを読者の心に広げていきます。 カギことば から想像できる「ぼく」の気持ちが、心にじわっと広がるような学びを展開したいですね。

▶「ぼく」の「行動」の理由を考え、「気持ち」を想像する。

前回の「たぬきの糸車」で、子どもたちは登場人物の 行動 が気持ちに結び付くことを習得しました。この物語でも、「ぼく」の行動描写に着目してみます。

> ・ねるまえには、かならず、「エルフ、ずうっと、大すきだよ。」って、いってやった。
> ・だって、まいばんエルフに、「ずうっと、大すきだよ。」って、いってやっていたからね。

これらは、物語の中で描かれる「ぼく」の 行動 です。一緒に大きくなったエルフが大好きで大切でたまらないと思う「ぼく」の気持ちが痛いほど伝わってきませんか。さらに着目してほしいのが、「いってやった。」という文末です。なぜ、「いった。」ではないのでしょうか。そこからは、「ぼく」のエルフを大切に思う 気持ち 、切ない 気持ち が読者の心にぐっと突き刺さります。

さて、この物語で子どもたちが最も疑問に思うのが次の叙述ではないでしょうか。

> となりの子が、子犬をくれるといった。もらっても、エルフは気にしないってわかっていたけど、ぼくは、いらないっていった。
> かわりに、ぼくが、エルフのバスケットをあげた。

「ぼく」は、どうして子犬をいらないと言ったのでしょう。そして、どうしてエルフのバスケットをあげたのでしょう。「ぼく」の 行動 の理由を深く想像したいところです。ペットを飼っている子どもは、自分の経験と結び付けて、その思いを語り出すでしょう。「自分だったらどうするか」と問い、子ども一人一人の考えのずれを生かして話し合うのもおもしろいですね。

❹ 単元計画（全8時間）

時	学習活動	習得／活用スイッチ
1・2	○教材「ずうっと、ずっと、大すきだよ」を読み、学習の見通しをもつ。 ・単元の最後に、「お話を読んで感じたこととその理由を伝え合う」ことを共有する。（1時間目） ・物語を読んだ感想を交流する。（2時間目）	作者（訳者）と出典 題名
3・4	○物語の内容の大体を押さえる。 ・エルフが、どのように変わっていたのかを確かめる。（3時間目） ・「ぼく」の、エルフへの気持ちを想像する。（4時間目）	気持ち 場面と出来事 行動 挿絵
5〜8	○「ぼく」のエルフへの気持ちや心に残ったことを話し合う。 ・「ぼく」が、隣りの子から子犬をもらわなかった理由を考える。（5時間目） ・「ずうっと、ずっと、大すきだよ。」と言ってやると決めた理由を考える。（6時間目） ・最も心に残ったこととその理由ノートにまとめる。（7時間目） ・まとめたことを話し合い、学習を振り返る。（8時間目）	カギことば 題名 気持ち 行動

❺ スイッチを働かせた授業の姿

［4時間目］ — 行動 や 挿絵 に着目して「ぼく」の 気持ち を想像する —

学習活動	指導のポイント

「ぼく」のエルフへの気持ちを想像しよう

 「ぼく」は、エルフとどんな思い出がありますか？

C 「エルフのあったかいおなかを、いつもまくらにするのがすきだった。」とあるよ。気持ちよさそうだよね。

C エルフと一緒に夢も見ているね。

C 「まい日いっしょにあそんだ。」だから、「ぼく」とエルフはずっ

☞ Point

まずは「ぼく」のエルフとの思い出を集めます。ここでは、行動 が分かる言葉に着目するとよいでしょう。そこから、「ぼく」のエルフへの 気持ち を考えることができます。挿絵 から情報を得ることも考えられますね。

と一緒だったんだ。

C　エルフを獣医さんに連れて行っているよね。

C　絵を見ると、「ぼく」が小さいときからずっとエルフと遊んでいることが分かるね。

C　階段を上がれなくなったエルフを「ぼく」は抱きかかえて連れて行っているよ。

C　寝る前に必ず、「エルフ、ずうっと、大すきだよ。」と言ってやったところも大切な思い出だと思うよ。

 では、どうして「ぼく」は「エルフ、ずうっと、大すきだよ。」と、寝る前に必ず言ってやったのでしょうか？

C　「だれもいってやらなかった。」と書いてある。だから、「ぼく」は大好きだよという気持ちを絶対伝えたかったんだよ。

C　「ぼく」は「すきならすきと、いってやればよかったのに」と思っている。言葉で言わないと、気持ちが伝わらないと思っていたんだよ。

C　「エルフは、きっとわかってくれたよね。」と書いてあるから、毎晩必ず言えば、エルフに気持ちが届くと思っていたんだ。

C　家族みたいにずっと一緒に育ってきたから、年をとっても大好きだよと言いたかったんだよ。

C　「ぼく」のエルフが大好きだという気持ちが伝わるよ。

C　エルフが死んでしまって、「かなしくてたまらなかったけど」と書いてある。悲しいより、もっと悲しい気持ちだよ。

C　私もペットを亡くしたことがある。そのときは、ずっと泣いていた。だから、「ぼく」の気持ちはよく分かる。

 「ぼく」は、「いくらか気もちがらくだった。」と言っていますね。どうしてなのでしょうか？

C　それは、「ぼく」だけは、「ずうっと、大すきだよ。」を言っていたからだよ。

C　ずっと言ってやってあげたことで、エルフは幸せだったと「ぼく」は信じているんだよ

C　「だって、まいばん」と書いてあるよね。「ぼく」は、その言葉を言うのを1回も忘れたことがなかったんだよ。

☞Point

ここでは、「いった」「いってやった」を比べて考える展開もできます。また、ペットとの思い出やペットを亡くしたことなど、自分の経験と結び付けて考える子どももいるはずです。「こんな経験はあるかな？」と発問することも想定しましょう。

☞Point

「まいばん」「かならず」などの言葉が大切です。「たぬきの糸車」で、「まいばんまいばん」という言葉に立ち止まり、おかみさんのところに通ったたぬきの 気持ち を想像した過去の学びを取り上げてもよいでしょう。

C 「ねるまえには、かならず」と書いてある。必ず「ずうっと、大すきだよ。」と言っていたから、後悔していないんだ。

C 「ぼくのへやでねなくちゃいけないんだ。」と書いてあるよね。エルフが年をとっても、「ぼく」は、ずっと一緒に寝ていたもんね。

 「ぼく」がしたことから、「ぼく」のエルフへの気持ちを想像できましたね。

☞ Point
「もし、必ずではなかったらぼくの気持ちはどうでしたか?」など、子どもの発言に切り返して、新たに発問することも考えられます。

[5時間目] ― 題名 カギことば 行動 から、「ぼく」の 気持ち を想像する―

学習活動	指導のポイント

どうして「ぼく」は子犬をもらわなかったのだろう

C 新しい子犬を見ると、エルフを思い出して悲しいからだよ。

C そうだよね。毎晩、必ず「大好きだよ。」と言ってやっていたエルフを思い出したら、もっと辛くなりそうだよね。

C いつもエルフと一緒に育ったから、他の子犬と一緒にいる気にはならなかったんだろうね。

C 「エルフは気にしないってわかっていたけど」とあるよね。でも、エルフが死んだばかりだから、「ぼく」は飼う気持ちが起こらなかったんだと思うよ。

 そうですね。もし、自分だったら子犬をもらいますか、もらいませんか?

C 私ももらわないと思う。エルフが死んだばかりだし、すぐには飼えないよ。

C でも、その子犬をエルフみたいにかわいがることはできる。エルフがいなくて寂しいから、私はもらいたい気持ちがある。

C 本当はもらいたいけど、もうちょっと時間が経ってからにしたいな。

C だから、「ぼく」もすぐに新しい犬を飼う気持ちはないんだね。

☞ Point
「自分だったらどうするか?」と発問し、「ぼく」の 行動 に自分を置き換えて考えられるようにします。その際、「もらう」「もらわない」双方の考えを大切にして、友達の考えを聞けるようにしたいですね。

では、「ぼく」が、何かを飼ったとき「ずうっと、ずっと、大すきだよ。」と言ってやるんだと言ったのはどうしてでしょうか？

C　エルフに寝る前に、まいばん「ずうっと大すきだよ。」と言ってあげていた。エルフも分かってくれたから、これからも「ずうっと、ずっと」言ってやるんだ、と決めたんだと思う。

C　「ぼく」だけが言い続けてきたことだから、次も絶対言ってやると決めているんだ。

C　だから、「ずうっと、ずっと」と2回くり返しているんだ。

C　くり返しがあると、ずっと言い続けるよという気持ちと、本当に本当に大好きだよという気持ちが分かるね。

C　「ずうっと、ずっと、大すきだよ。」は、題名にもなっているよ。だから、大切な言葉なんだよ。

このように、お話の中の大切な言葉を「カギことば」と言います。この言葉は「題名」にもなっていて、「ぼく」の気持ちが想像できますね。

☞ Point
（題名）にもつながる、この物語で最も大切な言葉です。今までの「ぼく」のエルフへのかかわりや（気持ち）を想像して、考えられるようにしたいところです。

☞ Point
子どもから「くり返し」という言葉が出てきたら、これまでの学習で物語を見つめる目が育まれたことが分かります。この物語では、くり返しの含まれる（カギことば）が、（題名）にもなっています。物語全体に影響する言葉があることを子どもたちと共有しましょう。

❻ 今後の教材につながるスイッチ

スイッチ	つながる教材
（作者（訳者）と出典）	「スイミー」（2年）→「お手紙」（2年）など
（題名）	「白いぼうし」（4年）→「一つの花」（4年）など
（行動と表情）	「ふきのとう」（2年）→「スイミー」（2年）→「お手紙」（2年）など
（気持ち）	「ふきのとう」（2年）→「スイミー」（2年）→「お手紙」（2年）など
（カギことば）	「ちいちゃんのかげおくり」（3年）→「一つの花」（4年）など
（場面と出来事）	「スイミー」（2年）→「お手紙」（2年）など
（挿絵）	「ふきのとう」（2年）→「スイミー」（2年）など

「ふきのとう」

2年

❶ 単元の目標

　場面の様子や登場人物の行動を捉え、語のまとまりや言葉の響きに気を付けながら音読することができる。

❷ 本単元で働かせるスイッチ

[◎習得スイッチ]

時と場

[○活用スイッチ]

登場人物　会話文と地の文　気持ち

行動と表情　くり返し

[・定着スイッチ]　オノマトペ　挿絵

❸ 教材の特徴とスイッチ

　「もう少しだ、がんばれ。」「よいしょ、よいしょ。」声を出して、身ぶりを交えて、思わずふきのとうを応援したくなってきませんか。それは「ふきのとう」に描かれる行動や会話文などに、想像をかきたてられるからでしょう。2年生最初の物語である「ふきのとう」。子どもたちと楽しみながらも、1年生で習得したスイッチを活用して読んでいけるといいですね。

▶「ふきのとう」は、物語内で変化する「小さな時と場」

　「よがあけました。あさのひかりをあびて、」という書き出しから始まるこの物語。これらの表現から、早朝の設定が読み取れます。「雪がまだすこしのこって、あたりはしんとしています。」という表現からは、周囲の雪が溶け始め、春の訪れが感じられます。「しんと」という表現からは、誰もいない朝のひんやりと澄んだ静けさが感じ取れます。場所は竹林ですね。

　時と場　には、物語を包み込む「大きな時と場」と、物語内で変化する「小さな時と場」があります。「大きな時と場」といえば、2年生で最後に読む「スーホの白い馬」が思い浮かびます。「モンゴル」という舞台と王様が君臨する時代とい

68

う場が、物語全体の世界観を包み込んでいます。

　そして、「小さな時と場」の代表的な物語が、この「ふきのとう」です。「お日さ
ま」に起こされ、「はるかぜ」が吹き、「ふきのとう」がようやく顔を出すことがで
きました。「もう、すっかり春です。」物語の中で少しずつ変化する「小さな時と
場」を捉えられるようにしたいですね。

▶ 思わず声に出して読みたくなる、リズミカルな「くり返し」

　「ふきのとう」では、「おもしろいと思ったところを音読で表現する」という言語
活動が設定されています。その際に、（くり返し）の表現がおもしろいという子ども
もいるでしょう。

> はるかぜにふかれて、竹やぶが、ゆれるゆれる、おどる。
> 雪が、とけるとける水になる。

　どうでしょう。思わず、声に出して読みたくなってきませんか。「ゆれるゆれる」
「とけるとける」とリズミカルに、かつ弾むように読むことができますね。また、
場面の様子が豊かにイメージできるのも（くり返し）ならではの効果です。そこに
は、「早くゆれたかった」「早くとけて水になりたかった」という「竹やぶ」や
「雪」の気持ちも想像できるのではないでしょうか。

▶ 「会話文」から、登場人物の「気持ち」や「性格」を考える

　「ふきのとう」では複数の登場人物が、それぞれ（会話文）で言葉を発していま
す。2年生最初の物語ということもあり、「誰が、何を言ったのか」をしっかりと
確認したいところです。

　会話文からは、人物の気持ちや性格などを読み取ることができます。「気持ち」
「性格」は中学年からの指導事項ですが、この物語では、（会話文）から容易に
（気持ち）や性格を想像することができるのでおすすめです。たとえば、「や、お日
さま。や、みんな。おまちどお。」という「はるかぜ」の言葉はどうでしょうか。
なんとも、のんびりした性格が感じられるでしょう。（会話文）から、（気持ち）や
性格を想像し、子どもたちが音読の工夫へとつなげていけるといいですね。

④ 単元計画（全9時間）

時	学習活動	習得／活用スイッチ
1	○教材「ふきのとう」を読み、学習の見通しをもつ。 ・単元の最後に、おもしろいと思ったところを音読することを共有する。	登場人物
2	○物語の「時と場」を捉える ・いつ、どこで起こった物語かを考える。	時と場 くり返し
3 〜 5	○物語の内容の大体を捉える。 ・「会話文」から登場人物の気持ちを考える。（3時間目） ・「はるかぜ」が息を吐き、場面の様子が変化する様子を読み取る。（4時間目） ・「ふきのとう」が、顔を出すことができた理由を考える。 （5時間目）	会話文と地の文 行動 くり返し 気持ち
6 〜 9	○おもしろいと思ったところを音読し、読み方の工夫について伝え合う。 ・おもしろいと思ったところを音読し、友達と感想を伝え合う。（6時間目） ・グループに分かれて音読発表を行い、感想を伝え合う。 （7・8時間目） ・学習を振り返る。（9時間目）	会話文と地の文

⑤ スイッチを働かせた授業の姿

[2時間目] ― 時と場 を表す言葉から物語の設定を読み、 くり返し の表現を楽しむ―

学習活動	指導のポイント

この物語は、いつ、どこで起こったお話だろう

 この物語は、朝、昼、夜のいつのお話でしょうか？

C 「よがあけました。」の「よ」は「夜」のことだよね。

C ということは、夜ではなくなったんだね。

C だったら、朝だよ。「あさのひかりをあびて」と書いてある。

☞Point
おそらく、 時と場 の言葉に注目し、子どもは叙述から「朝」だと捉えることができるはずです。「よがあけました。」という叙述から、「早朝」を想像することができます。

70

そうですね。早朝だと分かりますね。では、場所は どこでしょうか？

C 教科書の絵には、竹がいっぱい描いてあるよ。

C 竹がいっぱいある場所だね。

C 教科書に「竹やぶ」と書いてあるから、ここは「竹やぶ」とい う場所だと思うな。

☞Point
「竹やぶ」を知らない子や見たこ とがない子もいるはずです。そ の場合は、教師の出番です。「挿 絵」を見ながら、「竹やぶとは、 どんなところだと思う？」と問い、 「竹がたくさん生えている場所」 と、子どもが自分で意味をつか めるようにしましょう。

 よく分かりましたね。それでは、この物語の季節は、 春、夏、秋、冬のいつでしょうか？

C 雪が残っているから、冬だと思う。

C 私も冬だと思う。最後の場面の絵にも、雪が残っているから、 ずっと冬だと思うな。

C 「ふきのとう」も顔を出せないくらい、雪が残っているよ。

C でも、「はるかぜ」がいるから、季節は春なのかな。

☞Point
季節は「冬」と「春」の二択に絞 られます。叙述を根拠に話し合 えるようにしましょう。

 「はるかぜ」が吹くのは春ですが、どうしてまだ吹 かないんでしょうか？

C 「お日さま」の言葉にあるよ。

C 「おや、はるかぜがねぼうしているな。」と書いてある。

C 本当は春だけど、「はるかぜ」が寝坊しているから、みんな自由 になれないんだ。

C でも、これで「お日さま」に起こされたから大丈夫だね。

☞Point
ポイントとなる叙述は、「はるか ぜ」が寝坊しているところです。 本来は春のはずですが、「はるか ぜ」の寝坊ために、それぞれの 人物が自由になれないことを捉 えていきます。

 「はるかぜ」に吹かれて「竹やぶ」や「雪」はどう なったと書いてありますか？

C 「竹やぶが、ゆれるゆれる、おどる。」と書いてある。

C その次は「雪が、とけるとける、水になる。」だね。

 「ゆれるゆれる」「とけるとける」は、同じ言葉がく り返されています。どんな感じがしますか？

C すごくリズムよく読むことができる。

C 私たちも揺れているみたい。

C 竹やぶがどんどん揺れて、雪が溶けていく感じがする。

C 音読することが楽しくなるね。

☞Point
音読をして くり返し の表現か ら、リズムよく読める楽しさを味 わってもよいでしょう。「ゆれる ゆれる」「とけるとける」という 「くり返し」から、「竹やぶ」や 「雪」の様子や「気持ち」を想像し てもいいですね。

C 「ふきのとう」の「よいしょ、よいしょ」も「くり返し」だね。

そして、ふきのとうが顔を出しました。ということは、この物語の季節はいつですか？

C 春だよ。「もうすっかり春です。」と最後に書いてある。

C 本当は春だったけど、「はるかぜ」が寝坊していただけなんだね。これで、ようやく本当の春になったね。

C ふきのとうが顔を出して「こんにちは。」と言うところは、春になったあいさつみたいに聞こえるね。

この物語の季節は春、時間は朝、場所は竹やぶでしたね。

[5時間目] ―(行動)や(会話文)から、ふきのとうの(気持ち)を想像する―

学習活動	指導のポイント

「ふきのとう」が顔を出すことができたのは、どうしてだろう

C それは「はるかぜ」が吹いたからだよ。

C 「むねいっぱいにいきをすい」とあるから、「はるかぜ」は力いっぱい息を吐いたと思うよ。

C だから、「竹やぶ」は、揺れて踊っている。そうしたら、「お日さま」があたる。「雪」も溶けて水になっているよ。

その「ゆれるゆれる、おどる」「とけるとける、水になる」から、どんな感じがしましたか？

C 竹やぶも、やっと揺れることができた感じ。

C 本当に気持ちよさそう。だって、「おどる」と書いてあるから、「はるかぜ」に吹かれて楽しんでるみたい。

C 「おどる」だから、うれしくてダンスしているんだね。

C 「雪」も「とけるとける」だから、どんどん溶けている感じ。

C 「とおくへ行ってあそびたい」と言っていたから、水になるのが楽しみで仕方ない感じが伝わってくるよ。

C だから、「ふきのとう」は顔を出すことができたんだね。

☞Point
「はるかぜ」が吹いたからという意見しか出ない場合は、「はるかぜ」に吹かれて「雪」や「竹やぶ」はどうなったかを聞きましょう。

☞Point
「くり返し」からも、「雪」や「竹やぶ」の待ちに待った(気持ち)を想像できそうです。「おどる」という「擬人法」からも、「竹やぶ」の様子や(気持ち)が豊かに想像できるようにしたいですね。

そうですね。ですが、「ふきのとう」は、何もして
いないのでしょうか？

C 「ふきのとう」も、がんばっているよ。「ふんばる、せがのびる。」
とあるから。

C 「ふんばる」だから、「ふきのとう」も、うんと力を入れている。

C 何とか顔を出そうと、一生懸命だよね。

C 最初は「よいしょ。よいしょ。」だったけど、そのときよりも、
「ふきのとう」は力を込めている感じがするよ。

C そして、「もっこり」と顔を出すことができたんだね。

C 「もっこり」もおもしろいね。地面が丸くなって、浮き上がった
みたい。

 「ふきのとう」が顔を出したときは、どんな気持ち
だったのでしょうね？

C やっと顔を出せてうれしいと思っているよ。

C やっぱり春は、気持ちいいなと思っている。

C 「こんにちは。」と明るい声で言っている。顔を外に出すことが
できて、気持ちよさそう。

C 「はるかぜ」たちに、ありがとうと思っているはずだよ。

 こうして、「ふきのとう」も顔を出して、すっかり
春になってよかったですね。

☞ Point
「ふんばる」という (行動) に着目
します。ここは、実際に「動作
化」を入れるのがおすすめです。
雪の下で「ふきのとう」が力を入
れている感じを捉え、音読で表
現してもよいでしょう。

☞ Point
「こんにちは。」という (会話文)
から、「ふきのとう」の (気持ち)
が想像できます。このときの
(気持ち) をより引き出すために、
最初に1場面の「よいしょ。よい
しょ。おもたいな。」のときの
(気持ち) を考えてもよいでしょ
う。比べてみることで、中学年
での「気持ちの変化」を想像する
学習につながります。

2年

「ふきのとう」

---

6 今後の教材につながるスイッチ

スイッチ	つながる教材
時と場	「スーホの白い馬」（2年）→「ちいちゃんのかげおくり」（3年）など
登場人物	「スイミー」（2年）→「お手紙」（2年）など
会話文と地の文	「スイミー」（2年）→「お手紙」（2年）など
行動と表情	「スイミー」（2年）→「お手紙」（2年）など
くり返し	「スーホの白い馬」（2年）→「三年とうげ」（3年）など
気持ち	「スイミー」（2年）→「お手紙」（2年）など

「スイミー」

2年

❶ 単元の目標

　場面の様子に着目してスイミーの行動を具体的に想像し、好きな場面を伝え合うことができる。

❷ 本単元で働かせるスイッチ

[◎習得スイッチ]

比喩（たとえ）

[○活用スイッチ]

作者（訳者）と出典　　場面と出来事

行動と表情　　気持ち　　挿絵

[・定着スイッチ] 　登場人物 　会話文と地の文

❸ 教材の特徴とスイッチ

　この物語を読んでいると、自分がまるで海の中にいるような気持ちになってきませんか。「スイミー」は、昭和52年度版から教科書に掲載されています。先生方も、子どものときに読んだ記憶があるのではないでしょうか。困難を乗り越え、知恵を働かせて大きな魚を追い出すストーリーは、読者の心を惹きつけます。ですが、「スイミー」の魅力は、ストーリーだけではありません。レオ＝レオニの紡ぐ豊かで巧みな表現を味わっていきましょう。

▶ 物語の世界を豊かに彩る「比喩（たとえ）」表現

　「スイミー」の魅力の一つは、なんといっても 比喩（たとえ） の巧みさです。この物語で 比喩（たとえ） へのスイッチを習得すると、子どもたちの物語の見方はきっと豊かなものになるはずです。まず、「スイミー」の中で、最初に登場する 比喩（たとえ） を見てみましょう。

> 　ある日、おそろしいまぐろが、おなかをすかせて、すごいはやさでミサイルみたいにつっこんできた。

どうでしょうか。(比喩（たとえ)) の効果で「まぐろ」のスピードの速さはもちろん、その恐ろしさが私たちに伝わってきます。小さな赤い魚たちが、一匹残らず飲み込まれたのも納得できます。

次の場面は、想像豊かに読めるような (比喩（たとえ)) が散りばめられています。「にじ色のゼリーのようなくらげ。」「水中ブルドーザーみたいないせえび。」 みなさんは、どのようなイメージを描いたでしょう。一面に広がる柔らかで色鮮やかな世界。大迫力の海中の重機。まるで、スイミーになって物語の世界を眺めているような気持ちになってきませんか。(比喩（たとえ)) は、想像をスムーズに膨らませる手助けをしてくれます。ぜひ、子どもたちと読み味わってみてください。

▶ 「出典」である絵本を活用し、「挿絵」からも想像を膨らませる

作者と挿絵画家が同一であることも、「スイミー」の特徴の一つです。「スイミー」の魅力のもう一つは、レオ＝レオニの描く (挿絵) だと言っても過言ではないでしょう。どちらもレオ＝レオニが手掛けている「文章・挿絵一体型」の物語であり、絵は確かな情報源となります。ですから、「まぐろ」からスイミーが逃れる場面で、「スイミーだけ、下の方に泳いだ。」という発言は、(挿絵) を根拠として読み取った説得力のあるものとなります。

しかし、教科書ではすべての場面の (挿絵) を掲載することができません。たとえば、「見たこともない魚たち。見えない糸でひっぱられている。」という叙述があります。ここから子どもたちは「見えない糸でひっぱられている」様子をどう捉え、想像するでしょう。大人は釣り糸や操り人形などをイメージできますが、子どもたちの生活経験とは距離があるように思えます。

その距離を縮めるために参考にしたいのが、(出典) の絵本です。この場面は、絵本では同じ形、同じ大きさの3匹の魚が、同じ表情で同じ方向を向いている様子が描かれています。(挿絵) が子どもの想像を膨らませる手助けをしてくれます。スイミーが元気を取り戻す場面の (挿絵) は、どれも美しく幻想的ですらあります。この場面の様子を想像する際に、(出典) である絵本の挿絵を提示することで、子どものイメージはより豊かなものになるでしょう。

❹ 単元計画（全9時間）

時	学習活動	習得／活用スイッチ
1・2	○教材「スイミー」を読み、学習の見通しをもつ。 ・単元の最後に好きな場面について伝え合うことを確認する。 （1時間目） ・物語を5つの場面に分け、出来事を確かめる。（2時間目）	作者（訳者）と出典 場面と出来事 挿絵
3〜7	○場面ごとにスイミーの行動や様子を読み取る。 ・スイミーたちが楽しく暮らしている様子を読み取る。 （3時間目） ・スイミーだけが逃げることができたわけを考える。 （4時間目） ・スイミーが元気をとりもどす様子を読み取る。（5時間目） ・スイミーが、たくさん考えたわけを確かめる。 （6時間目） ・スイミーが、「ぼくが、目になろう。」と言ったわけを考える。 （7時間目）	挿絵 比喩（たとえ） 行動 気持ち
8・9	○好きな場面とそのわけを、ノートに書いて伝え合う。 ・好きな場面とそのわけをノートに書く。（8時間目） ・書いたことを伝え合い、学習を振り返る。（9時間目）	場面と出来事

❺ スイッチを働かせた授業の姿

［2時間目］ ―「人」「場所」「時間」の変化から（ 場面 ）の始まりと終わりを考える―

学習活動	指導のポイント

「スイミー」を5つの場面に分けよう

 この物語は5つの場面に分けられました。場面は、何に注目して分けるのでしょうか？

C 「時間」が経ったら、場面が変わるよ。

C 「場所」でも分けることができる。

C 新しい「人物」も出てきたら、場面が変わる合図だよ。

 よく覚えていましたね。では、2場面はどこから始まるでしょうか？

☞ Point

1時間目に（ 場面 ）を分けるポイントを教え、本時で場面分けをすることを伝えておきましょう。
場面分けの視点は、今後の物語でもくり返し確認することが大切です。

C　次のページは、「ある日」という書き出しになっているね。

C　「ある日」と書いてあるから、「時間」が変わったね。

C　しかも、「まぐろ」も出てきたから、ここからが2場面だ。

 時間とともに場面が変わりましたね。次は3場面です。何か変わっているでしょうか？

C　絵を見ると暗い場所から、明るい場所に変わっている。

C　「くらげ」や「いせえび」も出てくるから場面が変わっているよ。「けれど」から3場面になりそうだよ。

👉Point
「時間」の移り変わりで、（場面）が変わったことを押さえます。

 では、3場面は、一言でどんな場面だと言うことができますか？

C　おもしろいものを見て、スイミーが元気になる場面。

C　暗い気持ちのスイミーが、明るいスイミーになる場面。

👉Point
（場面）を一言で表すことは、あらすじを捉える力にも結び付きます。また、2場面と比べることで、スイミーの気持ちが変化していることも分かります。これは、中学年で「登場人物の気持ちの変化」を想像する際に、大切な力となってきます。

 場面が変わると、スイミーの気持ちも変わりましたね。では、4場面はどこからでしょうか？

C　「そのとき」とあるから、「時間」が変わったのかな。

C　場所も「岩かげ」に移動しているね。

C　「スイミーのとそっくりの、小さな魚のきょうだいたち」が初めて出てきたね。

C　「そのとき」からが4場面でよさそうだね。

 では、5場面は、どこからになるでしょうか？

C　「それから、とつぜん」と書いてある。「それから」だから、時間がたっているのかな。

C　でも、ここは「うんと考えた。」からのつながりがあるから、4場面に入れた方がいいよね。

C　「みんなが、1ぴきの大きな魚みたいに」のところかな。

C　ここも大きな魚になるという内容のつながりがありそう。

👉Point
5場面の始まりは、子どもにとって難しいと思われます。4場面の内容のつながりを意識しながら考えるとよいでしょう。

 みなさん、このページの挿絵を見て考えてはどうですか？

👉Point
最終的には、「挿絵」を根拠に5場面のはじめを捉えましょう。「朝」や「昼」という時間を表す言葉に、子どもが気付けるようにしたいですね。

C　スイミーたちが、大きな魚を追い出しているよ。

C　「朝」や「昼」という「時間」を表す言葉もあるね。

C　ということは、「みんなが、一ぴきの大きな魚みたいにおよげる ようになったとき」からが、5場面だね。

　では、5場面は、一言で言うとどんな場面でしょう か？

☞ Point
一言で表すことにより、5場面が 子どもにとって明確になると思わ れます。

C　スイミーたちが大きな魚を追い出す場面だ。

C　この物語は、場面ごとに絵があるから分かりやすいね。

　「人物」「場所」「時間」の変化に目を向けると、ど こから場面が変わるのかが見えてきましたね。

[5時間目]　―　比喩（たとえ）　に着目して場面の様子を思い浮かべながら読む―

学習活動	指導のポイント

どうして、スイミーは元気を取り戻すことができたのだろう

　2場面では、「比喩」という難しい言葉を学習しま したね。「たとえ」と言ってもよいですよ。どんな 比喩が出てきましたか？

☞ Point
子どもの発言に合わせて、「比喩 がなかったらどうでしょう？」「比 喩があると、どんなよさがありまし たか？」などと　比喩　の効果 に注目できる発問することも考え られます。

C　おそろしいまぐろが「ミサイルみたいに」つっこんできた。

C　「ミサイルみたい」だから、ものすごく速かったんだ。

C　「比喩」があると、そのときの様子がくわしく想像できる。

　そうでしたね。でも、暗い海の底を泳いだスイミー はどうだったでしょうか？

☞ Point
このときのスイミーの「気持ち」 や様子を押さえ、本時の学習課 題につなげましょう。

C　マグロがまた襲ってこないか、怖かった。

C　ひとりぼっちで寂しかった。

C　兄弟がみんな飲みこまれて悲しかった。

　では、3場面で、どうしてスイミーはだんだん元気 を取り戻すことができたのでしょうか？

C　海にはすばらしいものがいっぱいあったから。

C　おもしろいものを見たからだよ。

では、スイミーはどんなものを見たのでしょうか？

C　最初に「にじ色のゼリーのようなくらげ」を見た。
C　次は「水中ブルドーザーみたいないせえび」だね。

みなさん、何か気付くことはありませんか？

C　「～みたいな」「～ような」と「比喩」が使われているよ。

では、「にじ色のゼリーのようなくらげ」から、どんな感じがしますか？

C　ゼリーみたいにぷるんとしている感じがする。
C　絵を見ると、カラフルでかわいいくらげだと分かるね。

これが、もし、ただの「くらげ」だったらどうでしょうか？

C　つまらないし、どんなくらげか分からない。
C　それだと、スイミーも元気を取り戻せないよ。

「比喩」があるからこそ、スイミーの気持ちがだんだん元気になっていったことが分かりましたね。

☞ **Point**
スイミーが見た海のすばらしいものを、一つ一つ確認していきます。子どもの方から、「比喩が使われているよ！」と気付くのが理想の展開です。

☞ **Point**
ここでは、紙面の都合上「にじ色のゼリーのようなくらげ」のみを例示します。実際の授業では、「いせえび」「魚たち」と順番に考えて、スイミーが元気を取り戻す様子を読み取りましょう。

☞ **Point**
比喩 から場面の様子を想像する際に、絵本の「挿絵」を見せることもできます。「挿絵」と「比喩」を関連付けて、子どもたちが想像を膨らませる楽しさを味わえるといいですね。

❻ 今後の教材につながるスイッチ

スイッチ	つながる教材
比喩（たとえ）	「みきのたからもの」（2年）→「スーホの白い馬」（2年）など
作者（訳者）と出典	「お手紙」（2年）→「ちいちゃんのかげおくり」（3年）など
場面と出来事	「お手紙」（2年）→「スーホの白い馬」（2年）など
行動と表情	「お手紙」（2年）→「みきのたからもの」（2年）など
挿絵	「お手紙」（2年）→「みきのたからもの」（2年）など
気持ち	「お手紙」（2年）→「みきのたからもの」（2年）など

2年 「お手紙」

❶ 単元の目標

　場面の様子に着目して、がまくんとかえるくんの行動を具体的に想像し、二人に手紙を書くことができる。

❷ 本単元で働かせるスイッチ

[◎習得スイッチ]

対比ことば

[○活用スイッチ]

挿絵　　場面と出来事　　気持ち

行動と表情　　作者（訳者）と出典

[・定着スイッチ]　登場人物　　会話文と地の文

❸ 教材の特徴とスイッチ

　心がほんわか温まる、そんな読後感に浸れる「お手紙」は、（作者）アーノルド＝ローベルさんが文章と絵を手掛けているシリーズの一作です。がまくんとかえるくんのやりとりにそわそわしたり、思わず笑ってしまったりと、読者は物語の世界に引き込まれます。「お手紙」のもつ魅力を存分に味わいましょう。

▶ 登場人物の「気持ち」や場面の移り変わりが読み取れる「対比ことば」

　この物語の最初と最後に、玄関の前で待つがまくんとかえるくんの様子が挿絵とともに描かれています。その場面を比べてみましょう。

・ふたりとも、かなしい気分で、げんかんの前にこしを下ろしていました。
・ふたりとも、とてもしあわせな気もちで、そこにすわっていました。

　このときのふたりの気持ちが、直接的に対比して描かれています。物語を読んでいくと、前の場面でも似たような表現が出てきたことに気付くことはありませんか。そのとき、私たちは前のページをめくりながら探し始めますよね。そして、物語の中で場面や人物の変化が対比的に表現されていることに気付くでしょう。がま

くんの「ああ。」も含め、これが 対比ことば です。

対比ことば のスイッチを働かせると、子どもは場面と場面を比べて読むようになります。それは、中学年の「登場人物の気持ちの変化」「場面の移り変わり」を捉え、想像することにつながります。「お手紙」は 対比ことば に着目することで、中学年への読みの架け橋となる物語だといえます。

▶ 同じような「行動」には要注意！　人物の「気持ち」は変化している！

登場人物の行動描写。同じような表現が出てくるときがありますが、そこに 気持ち の変化はないのでしょうか。「お手紙」では、ひょっとすると見逃しがちなかえるくんの 行動 に立ち止まって考えてみます。かえるくんが、がまくんの家で窓から郵便受けを見る行動描写は3回出てきます。

・かえるくんは、まどからゆうびんうけを見ました。
・かえるくんは、まどからのぞきました。
・かえるくんは、まどからのぞきました。

最初、かえるくんの行動は「見ました」と書かれています。2回目はどうでしょう。「見ました」から「のぞきました」に 行動 が変わっています。「見ました」よりも、深く顔を出しているかえるくんの様子が想像できます。ここからも、先ほどよりもかたつむりくんを待ち望むかえるくんの 気持ち が具体的に想像できます。

では、2回目と3回目はどうでしょう。「のぞきました」と、言葉の変化はありません。ですが、かえるくんののぞき方や気持ちに変化はないのでしょうか。ここでは、同じ「のぞきました」という表現でも、かたつむりくんの到着を今か今かと待ち望むかえるくんの気持ちが強まっている様子を読み取りたいところです。子どもたちは動作化を交えながら、その変化を表現することでしょう。

3年生「春風をたどって」でも同じような描写が出てきます。

・見なれたけしきをながめて、ルウはためいきをつきます。
・ルウの口から、ほう、とためいきがこぼれました。

そこでは、登場人物の気持ちが対比的に描かれています。「前に『お手紙』でもやったよね。」そんな豊かな読みを紡ぎ合う教室をめざしたいですね。

❹ 単元計画（全12時間）

時	学習活動	習得／活用スイッチ
1〜3	○教材「お手紙」を読み、学習の見通しをもつ。 ・単元の最後に、登場人物に手紙を書くことを理解する。 （1時間目） ・「お手紙」を読んだ初発の感想を書き、交流する。 （2・3時間目）	作者（訳者）と出典
4・5	○場面分けをして、出来事を確かめる。 ・物語の場面を分け、内容の大体を捉える。（4時間目） ・登場人物の行動や様子を確かめる。（5時間目）	場面と出来事 行動 挿絵
6〜10	○かえるくんとがまくんの行動と会話文から具体的に様子を思い浮かべる。 ・玄関の前にこしを下ろしていた二人は、どんなことを思っているのか考える。（6時間目） ・かえるくんが自分で手紙を渡さないわけを考える。 （7時間目） ・かえるくんが何度も窓の外を見ている様子を読み取る。 （8時間目） ・かえるくんが、手紙を出したことを言ってしまった理由を考える。（9時間目） ・ふたりは、どのような気持ちでお手紙を待っていたのか考える。（10時間目）	行動 対比ことば 挿絵 気持ち
11・12	○かえるくんとがまくんに手紙を書き、互いに読み合い感想を伝える。 ・登場人物と自分を比べて感じたことを手紙に書く。（11時間目） ・友達と手紙を読み合い、学習を振り返る（12時間目）	

❺ スイッチを働かせた授業の姿

[8時間目] ―かえるくんの 気持ち の変化を、 行動 に着目して考える―

学習活動	指導のポイント
かえるくんは、どうして何度も窓の外を見ているのだろう	

C　かたつむりくんが来るのを待っているんだよ。

C　お手紙を早くがまくんに渡したいと思っているから。

C　かたつむりくんが「すぐやるぜ。」と言ったのに、まだ来ないから心配しているんだよ。

C　「遅いなぁ。」と思って、少し焦っている感じがする。

　かえるくんは、窓の外を何回見ていますか？

C　１回、２回…３回だね。

C　でも、「見ました。」は１回だけで、あとの２回は「のぞきました。」になっているよ？

　１回目の「見ました」と２回目の「のぞきました」は同じでしょうか？

C　「のぞきました。」の方が、よく見ている感じ。

C　遠くの方まで見ていそう。

C　「見ました。」よりも、窓から顔を出していそう。

C　「まだかなぁ？」と、「見ました」よりすごく待っている感じが伝わる。

C　「のぞきました。」の方が、かえるくんの気持ちが伝わってくるよ。

　では、２回目と３回目はどうでしょう。「のぞきました」は同じですが…。

C　同じだと思う。「もっとのぞきました」だと違ってくると思うけど、全く同じ書かれ方だから。

C　ぼくは３回目の方が、もっとのぞいていると思うな。回数が増えると、気持ちも強くなる気がする。

C　がまくんが「ばからしいこと、言うなよ。」と怒っていそうだから、かえるくんも焦っている。

C　かたつむりくんが全然来ないから、早く来てほしいという気持ちがどんどん強くなっている。だから、３回目の「のぞきました。」の方がもっと体を出してのぞいていると思う。

　同じ言葉でも、登場人物の気持ちは変わっていることが読み取れました。かえるくんは、かたつむりくんを待ち続けているのですね。

☞Point
まず、かえるくんの窓を見る（行動）が３回あることを捉えます。その後、「見ました」「のぞきました」に着目して、かえるくんの（気持ち）を比べましょう。

☞Point
「見ました」と「のぞきました」を動作化で表現し、かえるくんの（気持ち）を捉えることもできます。

☞Point
ここは意見が２つに分かれそうです。考えが異なるからこそ、子どもが教科書の叙述を根拠にして発言できるように促します。がまくんが、だんだんと投げやりな態度になっていることが１つの根拠となりそうです。

☞Point
次時の学習課題につなげるための教師の投げかけです。子どもたちから、左のような問いが出

C でも、それならどうしてかえるくんは、お手紙を出したことを
話してしまったのだろう。

C ずっと内緒にしていたのにね。

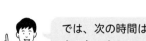
では、次の時間は、どうしてかえるくんは話してし
まったのかについて考えましょう。

されるといいですね。授業の最後
に次時の学習課題を設定すること
によって、子どもたちは見通しを
もって学習に臨めるでしょう。

[9 時間目] —がまくんとかえるくんの（ 気持ち ）を、会話文や（ 対比ことば ）などから想像する—

学習活動	指導のポイント

どうして、かえるくんはお手紙を出したことを言ったのだろう

C がまくんが「きょうだって同じだろうよ。」と、あきらめちゃい
そうだから。

C それに「ばからしいこと、言うなよ。」は、怒っていそうだから、
困ったんだと思う。

C がまくんに信じてもらいたくて言ったんだよ。

C かたつむりくんが全然来ないから、がまくんの姿を見て話すこ
とを決めたのだと思う。

その後、かえるくんは手紙の内容をがまくんに話し
ていますね。みなさんならどうしますか？

☞Point
「自分だったら」という視点で捉
えることで、かえるくんのそのと
きの状況に同化して考えられる
ようにします。

C 話さないかな。だって、せっかくお手紙出したから読んでほし
いなと思う。

C 手紙の中身は楽しみにしてほしいから、届くまで内緒にしてお
きたい。

C でも、「お手紙に、なんて書いたの。」と聞いたのはがまくんだ
よ。聞かれたから教えたんだよ。

どうして、がまくんは手紙が届く前に「なんて書い
たの。」と聞いたのでしょうか？

☞Point
ポイントとなるのは、「きみが。」
というがまくんの言葉。ここには、
がまくんの驚きが感じられます。
そこから、一度もお手紙をもらっ
たことのないがまくんの気持ち
を想像し、思わず聞いてしまっ
たことを捉えられるようにします。

C まさかかえるくんが手紙を書いた思っていないから、びっくり
して聞いたんだと思う。

C お手紙を初めてもらうから、どんな内容が書いてあるのか、い

てもたってもいられなくて聞いたんだと思う。

C 「きみが。」と驚いていて、どんなことを書いてくれたのか知りたくなったんだと思う。

C わたしもがまくんの立場だったら、「なんて書いたの。」と聞いてしまいそう。

 かえるくんから手紙の内容を聞いたがまくんは、どんな気持ちだったでしょうか。

C 「ああ。」「とてもいいお手紙だ。」って言っているから、うれしいと思う。

C 「ああ。」から、心がわくわくしている感じがするよね。

C 「ああ。」は感動している。とても喜んでいる感じ。

 がまくんの「ああ。」と言う言葉は、1場面でも出てきませんでしたか?

C 1場面にもあったよ。「ああ。いちども。」と言っている。

C このときの「ああ。」は悲しい感じ。ため息をつくように言う。

C 一度もお手紙をもらったことがないと言っているから、残念な気持ちの「ああ。」だよね。

C でも、ここでは感動している「ああ。」になっている。

 同じ「ああ。」でも、そのときの気持ちや様子によって、読み方が変化しますね。

☞Point

がまくんの（気持ち）を「うれしい」の一言に集約しないことが大切です。「感動」「感激」「喜び」「心にしみる」など、登場人物の（気持ち）を様々な言葉で表して語彙の拡充を図りましょう。

☞Point

「ああ。」は（対比ことば）です。子どもから気付きが生まれるのがベストですが、そうでない場合は教師の方から投げかけましょう。2つの「ああ。」を比べることにより、同じ言葉でも（気持ち）が異なることを捉えていきます。

6 今後の教材につながるスイッチ

スイッチ	つながる教材
対比ことば	「春風をたどって」(3年) → 「一つの花」(4年) など
場面と出来事	「スーホの白い馬」(2年) → 「春風をたどって」(3年) など
行動と表情	「みきのたからもの」(2年) → 「スーホの白い馬」(2年) など
気持ち	「みきのたからもの」(2年) → 「スーホの白い馬」(2年) など
挿絵	「みきのたからもの」(2年) → 「スーホの白い馬」(2年) など
作者(訳者)と出典	「ちいちゃんのかげおくり」(3年) → 「モチモチの木」(3年) など

2年 「お手紙」

85

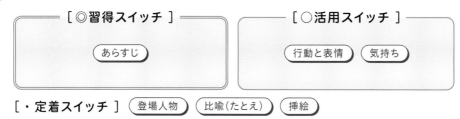

「みきのたからもの」

❶ 単元の目標

場面の様子に着目して、みきとナニヌネノンの行動を具体的に想像し、物語の好きなところを紹介する文章を書く。

❷ 本単元で働かせるスイッチ

[◎習得スイッチ]

あらすじ

[○活用スイッチ]

行動と表情   気持ち

[・定着スイッチ]   登場人物   比喩(たとえ)   挿絵

❸ 教材の特徴とスイッチ

「みきのたからもの」は、詩人・作家の蜂飼耳さんが新しく書き下ろした物語です。この不思議いっぱいの心温まるストーリーを、子どもたちはワクワクしながら読んでいくことでしょう。みきにとってナニヌネノンとの出会いは、心の中にそっとしまっておきたい特別なものになりました。子どもたちにとっても、この物語が特別なものになるといいですね。

▶ 物語の内容を短く伝えるために、「あらすじ」をまとめる

子どもたちは、物語の内容を端的に伝えることができるでしょうか。子どもたちに読み終えた本の内容を尋ねると、なかなかうまく答えられない場合があります。だからこそ、物語の あらすじ をまとめる力が必要になります。

あらすじ とは、物語の内容を短くまとめたものです。これは、低学年の指導事項である「物語の内容の大体を捉えること」につながります。では、子どもたちは何に気を付けて あらすじ をまとめればよいのでしょうか。教科書の巻末にある「がくしゅうに用いることば」には、「とうじょうじんぶつがしたことや、できごとを、お話のじゅんにみじかくつなげると、あらすじになります。」と書いてありま

86

す。このことから、「誰が何をしたか」「どんな出来事が起こったか」をキーワードにしてつなげていくとよさそうです。

　実際の授業では、子どもたちが （あらすじ） をまとめる必然性を感じられるようにしたいですね。そのため、「家の人に、この物語を分かりやすく伝えよう」という学習課題を設定するとよいでしょう。

　私たちが生活する中で、物語だけでなく映画やドラマなどの （あらすじ） を伝える場面は、たくさんあるのではないでしょうか。したがって、（あらすじ） を伝えることは、他者とコミュニケーションをとる大切な力となってきます。この物語をきっかけに、子どもたちに （あらすじ） をまとめる力を育んでいきたいですね。

▶「行動と表情」を「気持ち」につなげて

　（行動と表情） を考えることは、登場人物の （気持ち） を想像することにつながります。まずは、みきとナニヌネノンとの別れの場面。みきの （行動） に着目しましょう。

> もらった小さな石を、ぎゅっとにぎったまま、みきは、ナニヌネノンがきえていった空を見上げていました。

　みきは、ナニヌネノンが消えていった空を見上げています。ここで大切にしたいのが「ぎゅっと」という言葉です。ためしに「ぎゅっと」を削って読んでみてください。そうすると、みきはどのような気持ちなのかが想像できなくなってしまいます。この「ぎゅっと」があるからこそ、将来の夢を心に誓う気持ち、ナニヌネノンとの別れを惜しむ気持ちなどが感じられます。その小さな石は、どこにあるのでしょう。みきが机の中に大事にしまってあることを、挿絵が伝えてくれています。

　次に、みきの （表情） です。「みきは、目をかがやかせて、石をうけとりました。」という叙述があります。「目をかがやかせて」という （表情） から、みきの気持ちを想像することができるでしょう。このように、登場人物の （行動と表情） に着目することは、（気持ち） を想像することにつながります。ぜひ、これらのスイッチを結び付けて物語を読みましょう。

87

④ 単元計画（全10時間）

時	学習活動	習得／活用スイッチ
1・2	○教材「みきのたからもの」を読み、学習の見通しをもつ。 ・物語を読み、初発の感想を書く。（1時間目） ・初発の感想を交流し、学習計画を立てる。（2時間目）	
3・4	○物語のあらすじをまとめる。 ・登場人物の行動や出来事を確かめてあらすじをまとめる。 （3・4時間目）	あらすじ 行動
5〜7	○みきとナニヌネノンの様子や行動を読み取る ・みきとナニヌネノンの出会いの様子を読み取る。（5時間目） ・みきとナニヌネノンの別れの様子を読み取る。（6時間目） ・みきにとって、ナニヌネノンからもらった小さな石がたからものになった理由を考える。（7時間目）	行動と表情 気持ち
8〜10	○家の人に物語を紹介する文章を書く。 ・物語の好きなところと、その理由を入れて紹介文を書く。 （8時間目） ・書いた文章を友達と読み合い、感想を伝え合う。（9時間目） ・学習を振り返り、身に付けた力を確認する。（10時間目）	

⑤ スイッチを働かせた授業の姿

[3・4時間目] —みきとナニヌネノンの 行動 や出来事を確かめて あらすじ をまとめる—

学習活動	指導のポイント

家の人に「みきのたからもの」の内容を分かりやすく伝えよう

まず、みきは公園で何をして、誰と出会ったのでしょうか？

C　みきは、公園の入り口でトランプのカードのようなものを拾ったよ。

C　それは、ナニヌネノンのものだったね。

C　ナニヌネノンは、遠い星から来たと言っているね。

C　その星はポロロン星で、ナニヌネノンはそこに帰りたかったんだよ。

C　でも、カードを失くして困っていたんだね。

☞Point
まず、みきとナニヌネノンの出会いを確かめます。ここでは、ナニヌネノンについて子どもとのやりとりから詳しく引き出していきましょう。

みきは、そのカードをどうしましたか？

C みきは、ナニヌネノンにカードを渡したよ。

C それがないと、ナニヌネノンは星に帰ることができないからね。

では、ナニヌネノンは、みきに何をしたのでしょうか？

C ナニヌネノンは、みきに小さな石を渡したよ。

C それはポロロン星の石だったよね。

それでは、これまでの話を順番に短くまとめてみましょう。

あらすじの骨格

> みきは、公園の入り口でトランプのカードのようなものをひろいました。それは、ポロロン星から来たナニヌネノンのものでした。ナニヌネノンは、ポロロン星に帰るために、そのカードをさがしていました。
> そこで、みきは、そのカードをナニヌネノンにかえしました。ナニヌネノンは、みきに小さな石をくれました。そして、ナニヌネノンは、ポロロン星に帰っていきました。

さて、家の人にこの物語の内容を伝えるために、みきのしたことや起こった出来事の中で自分が入れたいことはありますか？

C 私は、その小さな石がみきの「ひみつのたからもの」になったことを入れたい。だって、題名とつながるから大切だと思う。

C ナニヌネノンと出会って、「しょうらいのゆめ」は「うちゅうひこうし」になったことも入れたいな。

C ナニヌネノンと出会ったことは、誰にも話していないことも大切だと思うから伝えたいよ。

物語の最後のことも伝えたいですね。では、他にも、みきやナニヌネノンのしたことで伝えたいことはありますか？

☞ Point
「誰が何をしたか」「どんな出来事が起こったか」を簡単に捉えていきます。みきはカードを、ナニヌネノンは小さな石を渡します。ここは、みきとナニヌネノンが「したこと」の（行動）になるので、しっかりと押さえましょう。

☞ Point
子どもたちにとって、初めて（あらすじ）をまとめる活動になります。まずは、教師が中心となって今までのやりとりを短くまとめます。これが、（あらすじ）の骨格になります。

☞ Point
物語を読んで興味をもったところや伝えたいことは、一人一人異なります。子どもの実態によって、「小さい石がひみつのたからものになったこと」「しょうらいのゆめのこと」など選択肢を示して、どれを入れたいか子どもが決められるようにしてもよいでしょう。

C　私は、リボンを渡したことも入れていいと思う。だって、みき
　　は、そのリボンを目で追いかけて見送っていたから。

C　ふたりは、いつかまた会う約束をしたことも印象に残ったから、
　　お家の人に伝えたいな。

先ほどの文章に、自分が家の人に伝えたいことを入れてみましょう。ポイントは全部入れようとするのではなく、短くまとめることです。

あらすじ例

　みきは、公園の入り口でトランプのカードのようなものをひろいました。それは、ポロロン星から来たナニヌネノンのものでした。ナニヌネノンは、ポロロン星に帰るために、そのカードを探していました。
　そこで、みきは、そのカードをナニヌネノンにかえしました。ナニヌネノンは、みきに小さな石をくれました。それは、ポロロン星の石でした。みきとナニヌネノンは、また会うやくそくをしました。そして、ナニヌネノンは、ポロロン星に帰っていきました。
　みきは、しょうらい、うちゅうひこうしになるゆめができました。

物語の内容を短くまとめたものを「あらすじ」といいます。登場人物のしたことや出来事をお話の順につなげると「あらすじ」になりますね。

☞ Point
先ほど作った骨格をもとに、自分が伝えたいことを入れて あらすじ をまとめていきます。しかし、すべてを入れようとすると長くなってしまいます。自分が最も伝えたいことを大切にしながら、短くまとめることを意識できるようにしましょう。

☞ Point
あらすじ を友達と読み合うのもよいでしょう。一人一人の感じ方やまとめ方の違いに気付くことができます。

[7時間目]　―みきの 行動と表情 を 気持ち と結び付けて、
　　　　　　みきにとって小さな石がたからものになった理由を考える―

学習活動	指導のポイント

みきは、どうして小さな石がたからものになったのだろう

C　ポロロン星の石でナニヌネノンにもらった大切な石だから。

C　それがなければ、ポロロン星に行くことはできないからね。

C　みきの将来の夢は「うちゅうひこうし」と書いてある。いつか、
　　みきはポロロン星に行くから、たからものになったんだよ。

C　それに、その石はナニヌネノンとの思い出だよね。「だいじにし

☞ Point
その小さな石はポロロン星へ行くための大切なものであり、みきの将来の夢とも結び付けて考えられるようにします。

90

まってあります。」とあるから、みきのたからものだということが分かる。

では、その小さな石をもらったとき、みきはどのような表情をしていましたか？

C 「目をかがやかせて」と書いていある。

C だから、とってもうれしい気持ちが伝わってくるね。

C 心の中では、ドキドキしていると思う。その石が、本当にみきにとって大切だということが伝わってくるよ。

C ナニヌネノンに「きっとまたあえますように、というねがいをこめています。」と言われたよね。それもうれしくて、目を輝かせたんだと思う。

お別れの場面では、みきはその小さな石を「ぎゅっと」ににぎっています。どうしてでしょうか？

C 「ぎゅっと」は力を込めている感じがする。「一生けんめい見つめました。」とあるから、ナニヌネノンへ「ありがとう」と言っていると思う。

C 「ぎゅっと」だから、ナニヌネノンへの気持ちがこもっているよ。「無事にポロロン星へ帰ってね」と願っているんだ。

C その小さな石が、たからものになったことが分かるね。ここで「うちゅうひこうし」になることを決めている感じがする。

C 「絶対また会おうね」という気持ちが伝わってくるよ。

C だから、みきにとって小さな石がたからものになったんだね。

みきの行動と表情から、小さな石がたからものになった理由を考えられましたね。

☞ Point
「目をかがやかせて」という 表情 に着目します。今まで目を輝かせたことを想起するのもよいでしょう。自分の体験を語ることで、このときのみきの様子を豊かに想像することができますね。

☞ Point
「ぎゅっと」を削った文を提示して、比べて考えることもできます。子どもたちは「ぎゅっと」という言葉から、みきの 気持ち を想像することができるでしょう。

6 今後の教材につながるスイッチ

スイッチ	つながる教材
行動と表情	「スーホの白い馬」（2年）→「春風をたどって」（3年）など
気持ち	「スーホの白い馬」（2年）→「春風をたどって」（3年）など
あらすじ	「三年とうげ」（3年）

「スーホの白い馬」

❶ 単元の目標

　場面の様子に着目して、スーホと白馬の行動を具体的に想像し、心に強く残ったことを伝え合うことができる。

❷ 本単元で働かせるスイッチ

　　　[◎習得スイッチ]　　　　　　　　　[○活用スイッチ]

（複合語・語調）（文末）

（場面と出来事）（行動と表情）
（気持ち）（比喩（たとえ））

[・定着スイッチ]　（登場人物）（くり返し）（時と場）（挿絵）

❸ 教材の特徴とスイッチ

　「スーホの白い馬」は、モンゴルに伝わる民話です。馬頭琴が作られた経緯が、スーホと白馬の関係を中心に描かれています。深い傷を負いながらスーホのもとへ帰ってきた白馬の思いが、ひしひしと伝わってきます。しかし、白馬は死んでしまい、スーホは胸を痛めます。悲しい結末に光がさすように、白馬はスーホの夢に現れます。その夢を経て、スーホが作った楽器が馬頭琴です。子どもたちは、スーホと白馬の行動を見つめ、心を動かされながら物語を読み進めるでしょう。

▶ 登場人物の「気持ち」を読者に届ける、それが「複合語」

　「スーホの白い馬」の特徴は、なんといっても行動が（複合語）として巧みに表現されていることです。（複合語）とは、「見守る」「飛び去る」のように、「二つ以上の言葉が合わさり、一つの言葉として通用するもの」と『教材研究ハンドブック』に書かれています。そのスイッチを働かせると、登場人物の（気持ち）を具体的に想像することができるのです。次の文を見てみましょう。

> スーホは<u>はねおきて</u>、かけていきました。

「白馬だよ。うちの白馬だよ。」と、おばあさんの叫び声を聞いたときのスーホ。「はねおきる」という 複合語 から、スーホがどれほど白馬への思いを強く抱いているのかが読み取れます。スーホから白馬を奪ったとのさまも、 複合語 からその気持ちや残虐な性格が読み取れます。

> とのさまは、おき上がろうともがきながら、大声でどなりちらしました。

「どなる」ではなく、「どなりちらす」。我を失い、怒りにふるえるとのさまの様子が具体的に想像できるのではないでしょうか。

▶ 読者の想像をサポートする「比喩」と臨場感を生み出す「文末」

比喩（たとえ） は、「スイミー」で習得したスイッチです。「にじいろのゼリーのようなくらげ」「水中ブルドーザーみたいないせえび」。 比喩（たとえ） を用いることにより、スイミーが海の素晴らしさに気付き、元気を取り戻す様子をスムーズに読み取ることができましたね。「スーホの白い馬」でも、 比喩（たとえ） のスイッチを活用しましょう。

> スーホは、あせまみれになった白馬の体をなでながら、兄弟に言うように話しかけました。

「兄弟に言うように」からは、スーホが白馬のことを家族のように大切に思い、優しく語りかける様子が浮かびます。さらには、スーホと白馬が互いを信頼し合っているという関係までも見えてきます。

> けれど、その体には、矢が何本もつきささり、あせが、たきのようにながれおちています。

「たきのように」流れる汗から、白馬の痛みと苦しみが想像を絶するものであることが感じられます。実際の授業場面では、「たきのように」を削り、比べて考えてみるとよいでしょう。また、この描写では「ながれおちています」と 文末 が現在形で書かれ、白馬の緊迫した様子をさらに際立たせているのも特徴的です。現在形の 文末 は、物語に臨場感を生み出します。

④ 単元計画（全14時間）

時	学習活動	習得／活用スイッチ
1 〜 3	○教材「スーホの白い馬」を読み、学習の見通しをもつ。 ・単元の最後に、物語を読んで最も心を動かされたことを書き、交流することを確認する。（1時間目） ・初発の感想を書き、交流する。（2時間目） ・場所、登場人物、出来事などを確かめる。（3時間目）	場面と出来事
4 〜 9	○場面ごとに、スーホと白馬の行動や気持ちを読み取る。 ・スーホと白馬の出会いと関係を考える。（4時間目） ・スーホの白馬への気持ちを想像する。（5時間目） ・競馬の様子と、白馬を取られたスーホの気持ちを考える。 　（6時間目） ・スーホのもとへ走り続ける白馬の様子を読み取る。（7時間目） ・スーホのもとにたどり着き、命を落とす白馬と、そのときのスーホの様子を読み取る。（8時間目） ・馬頭琴を作るスーホの様子を読み取る。（9時間目）	行動 複合語 気持ち 比喩（たとえ） 文末
10 ・ 11	○馬頭琴を演奏するスーホの気持ちを考える。 ・読み深める観点を決め、考えをノートに書く。（10時間目） ・友達と考えを伝え合う。（11時間目）	行動 気持ち
12 〜 14	○物語を読んで心を動かされたところとその理由を書き、交流する。 ・一番心を動かされたところとその理由をノートに書く。（12時間目） ・書いたことをグループで話して感想を交流する。（13時間目） ・グループを変えて交流し、学習を振り返る。（14時間目）	

⑤ スイッチを働かせた授業の姿

[5時間目] ― 複合語 から白馬の様子を読み取り、 比喩（たとえ） からスーホの 気持ち を考える―

学習活動	指導のポイント
スーホの白馬への気持ちを考えよう	

 スーホは、なぜ「これから先、どんなときでも、ぼくはお前といっしょだよ。」と言ったのでしょうか？

☞Point
まず、全員が同じ会話文をもとに考えることで、無理なく学習を進められるようにします。「兄

C　おおかみと戦って、必死に羊を守ってくれたからだよ。

C　「ずいぶん長い間」戦ってくれて、「あせまみれ」になった白馬にありがとうと思ったからだと思う。

C　だから、「兄弟に言うように」話しかけたんだね。

「〜のように」「〜のような」は、前に読んだ物語でも出てきませんでしたか？

C　「スイミー」で出てきたよ。「水中ブルドーザーみたいないせえび」など、たくさんあった。

C　そういう表現を「比喩」と言うんだったよね。

よく覚えていましたね。「比喩」があると、どんなところがよかったですか？

C　「いせえび」の様子を想像するのが楽しくなった。

C　「比喩」があると、「いせえび」の強さと大きさが伝わってきたよ。

では、「兄弟に言うように話しかけました。」からはどんなことが分かりますか？

C　スーホにとって白馬は家族と一緒だということが伝わるよね。

C　スーホが、どれほど白馬のことを好きか伝わってくる。

C　比喩があると、登場人物の気持ちが分かるんだね。

スーホが兄弟に言うように話しかけたのも、白馬がおおかみから羊を守ってくれたからでした。白馬は、どんな様子でおおかみの前にいましたか？

C　「おおかみの前に立ちふさがって、ひっしにふせいでいました。」と書いてあるよ。

おおかみの前に「立って」ではなく、「立ちふさがって」ですね。「立ちふさがって」だと、白馬のどんな様子が伝わってきますか？

C　絶対におおかみから羊を守ろうという様子が伝わる。

C　スーホの大切な羊を必死に守ろうとしている感じがする。

C　「立って」だと、普通に立っているだけで白馬の一生懸命な様子が伝わらないよ。

弟に言うように」という文につながらないときは、「どんなふうに話したの？」と発問しましょう。

☞Point
前に習得したスイッチを想起することが大切です。子どもが忘れてしまっている場合もあるので、挿絵などを用いて思い出せるようにしましょう。

☞Point
単に 比喩 という用語を知っているだけでは意味がありません。「スイミー」という具体的な物語で考えることで、 比喩 の効果を実感できるようにします。

☞Point
板書で「兄弟に言うように」を削った文を提示して、比べて考えてみるのもおすすめです。事前に2つの文の短冊を作ってみてもよいでしょう。

☞Point
比喩 で表現されていることで、登場人物の 気持ち や様子が想像できます。そのことを、子どもが実感できるようにしましょう。

☞Point
ここも板書で可視化して、比べてみましょう。「立って」と「立ちふさがって」の文を音読して比べることも効果的です。

「立ちふさがる」のように、「立つ」+「ふさぐ」の2つの言葉が合わせてできた言葉を、ちょっと難しいですが、「複合語」と言います。「複合語」に注目すると白馬の必死な様子が読み取れますね。

☞ Point
子どもがこの物語から 複合語 を探してみたいと思えるような言葉を投げかけるとよいでしょう。

[8時間目] ― 比喩（たとえ） 複合語 文末 から、スーホのもとへ帰ってきた白馬とスーホの 気持ち を読む―

学習活動	指導のポイント

白馬が帰ってきたときの様子やスーホの気持ちを読み取ろう

C 「はを食いしばりながら」スーホは白馬の矢をぬいたから、死なせたくない気持ちで必死だった。

C それくらい深く矢が刺さっていたということだね。

C 「白馬、ぼくの白馬」から、泣くように呼びかけている。それほどスーホは白馬のことが大切なんだ。

C おばあさんが叫び声を上げたら、スーホは「はねおきて、かけていきました。」とある。すごく、白馬に会いたかったんだね。

C 「はねおきて」も複合語なのかな？

☞ Point
スーホの白馬への 気持ち が読み取れる叙述が多くあります。まずは、子どもに自由に発言する機会を与え、「はねおきる」という 複合語 へ焦点をあてられるようにします。

よく気付きました。これは「はねる」と「おきる」が合わさってできた「複合語」ですね。「おきる」と「はねおきる」はどのように違いますか？

☞ Point
「おきる」と「はねおきる」を比べて考えることで、複合語 が人物の 気持ち を表していることを捉えられるようにしましょう。

C 「はねおきる」は、バッと飛び出すような感じ。スーホは、一瞬で起きて、白馬のもとに駆けていったんだ。

C 聞いた瞬間、飛び上がるようにして起きた感じ。

C それくらい、ずっとずっとスーホは白馬を思っていたことが伝わってくる。

では、スーホのもとへ帰ってきた白馬はどんな様子でしたか？

☞ Point
「たきのように」の 比喩 が出ない場合には、「スイミー」の学習を想起できるような問いかけをしましょう。

C 「矢が何本もつきささり、あせが、たきのようにながれおちています。」から、ものすごく痛くて辛い様子が伝わる。

96

C 「あせがたきのように」も比喩だよね。

C 汗がバサーッと激しく出ている感じが伝わる。

C それくらい痛いし、遠いところから走り続けてきている。もう限界なんだよ。

C 白馬の必死な様子や、ここまでくるのがどれほど大変だったのか伝わってくるね。

 この一文には「複合語」もありますよ。

C 「ながれおちています。」だから、すごい汗の量だよ。

C 「つきささり」は複合語だね。白馬の体に深く矢がささっていたんだ。

 ここでは文の終わりが「ながれおちていました」ではなく、「ながれおちています」です。比べると、どんな違いがありますか？

C 「ながれおちていました」だと、もう汗はやんでいるよね。

C 「ながれおちています」だから今も滝のような汗が出て、白馬が死にそうな様子が伝わってくる。

C 白馬が、それだけ大変な思いをしてスーホのもとへ帰ってきたことも分かるよ。

 文の終わりにも注目すると、白馬の様子が詳しく想像できましたね。

☞Point
（比喩）だけに目を向けるのではなく、（複合語）とも結び付けて一文を読むことにより、白馬の瀕死の状態やスーホへの思いを感じられるようにしましょう。

☞Point
現在形と過去形の（文末）を比べることで、物語の臨場感を現在形の（文末）が生み出していることを感じられるようにします。この学びは、3年「ちいちゃんのかげおくり」の学習につながります。

❻ 今後の教材につながるスイッチ

スイッチ	つながる教材
複合語・語調	「三年とうげ」（3年）→「ごんぎつね」（4年）など
場面と出来事	「春風をたどって」（3年）→「まいごのかぎ」（3年）など
行動と表情	「春風をたどって」（3年）→「まいごのかぎ」（3年）など
気持ち	「春風をたどって」（3年）→「まいごのかぎ」（3年）など
比喩（たとえ）	「まいごのかぎ」（3年）→「白いぼうし」（4年）など
文末	「ちいちゃんのかげおくり」（3年）→「大造じいさんとガン」（5年）

「春風をたどって」

❶ 単元の目標

ルウの行動や気持ちについて叙述をもとに捉え、物語の続きを想像して伝え合うことができる。

❷ 本単元で働かせるスイッチ

[◎習得スイッチ]
鼻ことば・肌ことば

[○活用スイッチ]
場面と出来事 行動と表情 気持ち 対比ことば

[・定着スイッチ] 登場人物 挿絵

❸ 教材の特徴とスイッチ

3年生になって最初の物語である「春風をたどって」。令和6年度版より新たに掲載された、如月かずささんの書き下ろし作品です。ルウの冒険の先に待っていたのは、海色の青が印象的な見渡すかぎりの花ばたけでした。このときのルウは、どのような気持ちなのでしょう。中学年では、登場人物の気持ちを捉えたり、場面の移り変わりによる気持ちの変化を想像したりすることが読みの中心になります。では、どのようにして人物の気持ちを読み取ればよいのかを考えてみましょう。

▶「行動と表情」「対比ことば」から「気持ち」を想像する

まず、 気持ち は、登場人物の会話文や心内語（心の中のつぶやき）から想像することができます。「旅に出たいなあ。」というルウの言葉からも、現在ルウが住んでいる森に対する不満が伝わってきます。

そして、 気持ち を読み取るには、なんといっても 行動と表情 に着目することが大切です。花畑を見つけたノノンの描写を見てみましょう。

> ところがノノンは、ルウの声が聞こえなかったかのように、<u>うっとりと花ばたけに見</u><u>とれています</u>。

「うっとりと」「見とれています」という 行動と表情 に着目すると、ノノンの気持ちを豊かに想像することができるでしょう。次に、ルウの行動描写です。

> 見なれたけしきをながめて、ルウはためいきをつきます。

ルウの「ためいきをつきます。」という行動から、「あきあきした」「うんざりした」「退屈だ」「つまらない」といった気持ちが伝わります。実は、ルウの「ためいき」は、花ばたけを見つけたときにも出てきます。

> そのけしきのうつくしさに、ルウの口から、ほう、とためいきがこぼれました。

同じ「ためいき」ですが、この場面では「こぼれました」とあり、ルウの気持ちとして描かれています。花ばたけのあまりの美しさを目にし、無意識のうちにため息がこぼれたのでしょう。次の文も、ルウの気持ちが伝わる行動描写です。

> ・それなのにルウは、ふさふさしたしっぽをたいくつそうにゆらしながら、たから物のことを思い出していました。
> ・ルウのしっぽは、いつのまにか、ゆらゆらとおどるようにゆれています。

今度は、ルウのしっぽに着目してみました。同じ「しっぽのゆれ」ですが、ルウの気持ちが 対比ことば として表現されていることが分かります。

▶ 場面の様子を想像する「鼻ことば・肌ことば」

場面の様子を表す際に立ち止まりたいのが、匂いや香り、感触といった 鼻ことば・肌ことば です。まずは、香りである 鼻ことば です。

> さわやかな花のかおりにつつまれて、ゆったりと時がながれていきました。

このときの様子が、素敵な香りとともに浮かび上がってくるようです。次いで、肌ことば です。

> やわらかな春風が、花たちとルウの毛を、さわさわとなでていきます。

「さわさわとなでていきます。」から、柔らかで優しい春風の感触が読者に伝わってきます。ぜひ、子どもと一緒に味わいたいですね。

④ 単元計画（全8時間）

時	学習活動	習得／活用スイッチ
1	○教材「春風をたどって」を読み、学習の見通しをもつ。 ・場面や登場人物を確認する。	場面と出来事
2〜4	○場面ごとに、ルウの気持ちや行動を読み取る。 ・ルウが、ため息をついた理由を考える。（2時間目） ・ルウが、ノノンの後をついていった理由を考える。 　　　　　　　　　　　　　　　　　（3時間目） ・花ばたけに残ったルウの気持ちを捉える。（4時間目）	行動と表情 気持ち 鼻ことば・肌ことば 対比ことば
5	○ルウの気持ちの変化を読み取る。 ・物語の最初と最後で、ルウの気持ちの変化を想像する。	気持ち
6〜8	○「春風をたどって」の続きを想像してノートに書き、友達と読み合う。 ・物語の続きを想像し、ノートにまとめる。（6・7時間目） ・物語の続きを読み合い、学習を振り返る。（8時間目）	

⑤ スイッチを働かせた授業の姿

［4 時間目］ ― 行動 鼻ことば 対比ことば からルウの 気持ち を想像する―

学習活動	指導のポイント
どうして、ルウは花ばたけに残ったのだろう	

学習活動	指導のポイント
C　ルウは、自分が行きたかった「しゃしんの海にそっくりな青」の花ばたけの美しさをもっと見たかったんだと思う。 C　「また花ばたけをながめました。」と書いてあるから、ルウは一人でもその花ばたけの美しさを味わいたかったんだよ。 C　「ほう、とためいきがこぼれました。」から、本当にきれいだと思った。自分が見たこともない景色だし、写真の海と同じ青の色に感動したんだ。	☞ Point 学習課題に対する考えを書く際には、ルウの 行動 の理由を叙述と結び付けて読み取れるようにします。根拠となる叙述には、マーカーや線を引きましょう。
1場面でも「ためいき」という言葉が出てきました。どこか探せますか？ C　「見なれたけしきをながめて、ルウはためいきをつきます。」と書いてあるよ。	☞ Point 同じように「ためいき」を使った表現ですが、 対比ことば として描かれています。比べて捉えることにより、言葉への見方を育むことができます。

1場面の「ためいきをつきます。」と3場面の
「ためいきがこぼれました。」を比べて、ルウの
気持ちを考えてみましょう。

C　1場面は、「こんなのいやだなぁ」というマイナスのため息。で
　　も、3場面はうっとりしてきれいだなと感じている。

C　1場面のルウは退屈で、つまらないなと思ってため息をついて
　　いる。けれど、3場面は花ばたけを見てその美しさにうっとり
　　している。だから、自然にため息がこぼれたんだと思う。

 退屈だなと感じているとき、ルウのしっぽはどう
なっていますか？

C　「ふさふさしたしっぽをたいくつそうにゆらしながら」と書いて
　　ある。暇で暇で、しっぽを揺らすしかない感じだよ。

 それが花ばたけをながめているときは、どうなって
いますか？

C　「いつのまにか、ゆらゆらとおどるようにゆれています。」と書
　　いてある。ルウは、うれしいんだよ。

C　「いつのまにか」だから、ルウ自身も気付いていないよ。

C　それだけ、この花ばたけがきれいで気に入ったんだ。

☞Point
「しっぽのゆれ」でも、ルウの
（気持ち）が（対比ことば）として
描かれています。子どもの実態
によって「ゆらゆらとおどるよう
に」から、「比喩」を用いた表現
の効果を考えてもよいでしょう。

 ルウは、この花ばたけの何を気に入ったのでしょう
か？

C　「海色の花びらの上で、昼下がりの光が、きらきらかがやいてい
　　ます。」とあるから、その美しい景色が気に入った。

C　美しさの中でも、青という色にルウは見とれている。

C　「さわやかな花のかおりにつつまれて」だから、素敵な香りがル
　　ウの体を包み込んでいるみたい。

C　「花ばたけの空気をむねいっぱいにすいこんで」と書いてあるか
　　ら、ルウはその香りを本当に気に入ったんだと思う。

☞Point
ルウは、花ばたけの何を気に
入ったのでしょう。焦点化する
発問になります。①景色　②色
③香りの3点を押さえて、ルウ
が花ばたけに残った理由を捉え
られるようにします。→③の香り
を（鼻ことば）として共通確認し
てもよいでしょう。

 この物語は「香り」「におい」がたくさん出てきま
す。そこに注目すると場面の様子や登場人物の気持
ちが想像できますね。

学習活動	指導のポイント

物語の最初と最後でルウの何が変わったのだろう

 物語の最初では、ルウは自分の森をどのように思っていたのでしょうか？

C 「ぜんぜんわくわくしないよね。」と、自分の住んでいるところに不満をもっていた。

C もっといい景色の場所に行きたいと思っていた。だから、ルウはたくさんの写真が宝物だった。

C ルウは、自分が住んでいるところに飽き飽きしているよ。

☞Point
3年生になり、はじめて(気持ち)の変化を具体的に想像することになります。場面と場面を結び付けて考えられるように、まずは1場面のルウの(気持ち)を丁寧に捉えます。

 それが最後では、ルウの気持ちはどうなったでしょうか？

C この森にも、素敵な場所があるかもしれないと思うようになった。

C だから、明日また探しに行こうとしている。

C ノノンと一緒に素敵な花ばたけを見つけたからだね。

C まだまだこの森には、自分が知らない景色が広がっているかもしれないと感じている。

☞Point
ルウの(気持ち)の変化を、その理由とともに想像することができるようにしましょう。

 つまり、最初と最後でルウの気持ちはどのように変わったといえるでしょうか？

C 最初は自分の住んでいる森に不満がいっぱいだったけど、最後にはまだ素敵な景色があるかもしれないと前向きな気持ちになっている。

C 最初は自分の住んでいる森を退屈な場所だと思っていた。でも、最後にはその森を探検することが楽しみになっている。

C ルウの森への見方が、マイナスからプラスに変わった。

☞Point
ここで、「最初は～だったけど、最後は～になった」と、(気持ち)の変化と結び付けて発言できるようにします。

 ルウが変わったのは、自分の住んでいる森への見方や気持ちだけでしょうか？

C ノノンへの気持ちも変わっているよね。

☞Point
ノノンに対してもルウの(気持ち)や見方が変わりました。ルウにとって、ノノンも住んでいる森と同じように、マイナスからプラス

C　最初は「声をかけづらい」と書いてあるよ。

C　最初はノノンのことが、あまり好きではなさそうだ。

C　「顔見知り」だから顔は知っているけど、友達ではないよ。

C　それが最後には「ノノンをさそって、いっしょにさがしてみることにしよう。」と、ノノンへの気持ちが変わっているね。

 ルウのノノンへの気持ちが変わったのはどうしてでしょうか？

C　ノノンのおかげで、素敵な花ばたけを見ることができたから。

C　ノノンは、においに敏感だよ。いい香りを探す力をもっているから、ノノンのことをすごいと思うようになったんだ。

C　ルウのノノンへの気持ちも、森と同じようにマイナスからプラスに変わっているね。

C　きっとこれから仲のよい友達になっていくと思うよ。

 明日、ルウはノノンとどのような景色に出会うと思いますか？

C　次は写真にあったような「黄金にかがやくさばく」のような景色に出会うと思う。

C　またノノンが素敵な香りを見つけて、探しに行くと思う。今度は真っ白な花ばたけに出会うかもしれないね。

C　次の日のルウのことを想像すると、ワクワクして楽しいね。

 では、次の時間は、この物語の続きを想像して、お話をつくってみましょう。

の（ 気持ち ）に変わったと捉えることができるようにしたいですね。

☞ Point

物語の続きを想像するのは実に楽しいことです。子どもたちのイメージを膨らませながら、「次の時間に物語を書きたい！」と思えるように発言をつなげましょう。次の時間に書く続き話には、今まで読み取ってきたしっぽのゆれ、ため息などの「行動」や色、「鼻ことば」などが入っているといいですね。

❻ 今後の教材につながるスイッチ

スイッチ	つながる教材
鼻ことば・肌ことば	「白いぼうし」（4年）→「やまなし」（6年）
行動と表情	「まいごのかぎ」（3年）→「ちいちゃんのかげおくり」（3年）など
気持ち	「まいごのかぎ」（3年）→「ちいちゃんのかげおくり」（3年）など
場面と出来事	「まいごのかぎ」（3年）→「ちいちゃんのかげおくり」（3年）など
対比ことば	「一つの花」（4年）→「友情のかべ新聞」（4年）

「まいごのかぎ」

❶ 単元の目標

りいこの気持ちの変化を場面の移り変わりと結び付けて具体的に想像し、自分の好きな場面について伝え合うことができる。

❷ 本単元で働かせるスイッチ

[◎習得スイッチ]

文種

[○活用スイッチ]

場面と出来事　行動と表情

気持ち　比喩（たとえ）

[・定着スイッチ]　オノマトペ　挿絵

❸ 教材の特徴とスイッチ

「まいごのかぎ」では、次々と不思議な出来事が起こります。「どうして、かぎは消えたの？」「まいごのかぎは、誰のものだったの？」と、一読後にはたくさんの問いが生まれることでしょう。問いは、物語を深く読もうという原動力になります。そのような問いが生まれやすいのも、この物語の　文種　が関係しています。

▶ 不思議がいっぱい、「まいごのかぎ」の「文種」は？

「まいごのかぎ」は、不思議なことがいっぱいの物語です。現実にはありえないような出来事が、中心人物であるりいこの周りで次々に起こります。2年生の「みきのたからもの」も、ナニヌネノンが登場した不思議な物語でしたね。このような物語の　文種　は、一般的に「ファンタジー」と呼ばれています。3年生ぐらいの子どもは、ファンタジー作品が大好きです。子どもたちは、「まいごのかぎ」の不思議な世界に引き込まれながら読み進めるでしょう。

さて、ファンタジーと聞くと、皆さんは何を思い浮かべますか。ジブリ映画「千と千尋の神隠し」を真っ先に思い描く方もいるのではないでしょうか。トンネルをくぐると現れる不思議な世界。最後に千尋たち家族は再びそのトンネルを出て、無

事に現実の世界に戻ることができました。「現実－異世界－現実」。トンネルが、現実世界と異世界の入り口と出口の役目を果たしていました。

　『教材研究ハンドブック』では、現実世界と異世界が１つの物語内に表れる (文種) を次のように４つに分類しています。

> ①ファンタジー：現実世界と異世界を行ったり来たりする。
> 　例「注文の多い料理店」（東書五）
> ②エブリデーマジック（ローファンタジー）：現実世界で不思議な出来事が起きる。
> 　例「まいごのかぎ」（光村三上）
> ③ハイファンタジー：完全に独立した異世界で物語が展開する。
> 　例「お手紙」（光村二下）
> ④メルヘン：現実と異世界（非現実）が同居している。
> 　例「ないた赤おに」（教出二下）

　「まいごのかぎ」は、②の「エブリデーマジック」。「千と千尋の神隠し」は、①の「ファンタジー」です。ただし、この４つの分類は教師の教材研究として活用するものであり、「まいごのかぎ」の (文種) を子どもに伝える際には、「ファンタジー」で問題ないでしょう。

▶「比喩（たとえ）」の効果に注目

　「まいごのかぎ」の魅力の１つが、 (比喩（たとえ）) の巧みさです。冒頭を見てみましょう。

> 海ぞいの町に、ぱりっとしたシャツのような夏の風がふきぬけます。

　読者は、からっとした心地よい夏の風をイメージすることができます。次の行のうつむきながら歩くりいこと対比的に描かれているのも特徴です。この物語では、不思議なことが起こる場面で (比喩（たとえ）) が効果的に描かれています。

> ・ベンチは、四本のあしをぐいとのばし、大きな犬のように、せなかをそらしました。
> ・たちまち、あじの開きは、小さなかもめみたいに、羽ばたき始めます。
> ・数字が、ありのように、ぞろぞろ動いているのです。

　 (比喩（たとえ）) は、想像を膨らませる手助けをしてくれます。この物語のおもしろさや好きな場面を伝え合うとき、 (比喩（たとえ）) にも着目できるようにしたいですね。

④ 単元計画（全6時間）

時	学習活動	習得／活用スイッチ
1〜3	○教材「まいごのかぎ」を読み、学習の見通しをもつ。 ・物語を読んでおもしろかったところをノートにまとめる。 （1時間目） ・教材文のおもしろさを伝え合う。（2時間目） ・教材文を5つの場面に分ける。（3時間目）	文種 比喩（たとえ） 場面と出来事
4	○りいこの気持ちの変化について話し合う。 ・りいこが、バス停の看板に鍵をさしたときの気持ちを読み取る。	気持ち 行動
5・6	○自分の好きな場面をノートに書き、友達と伝え合う。 ・りいこの変化とのかかわりを考えながら、自分の好きな場面をノートにまとめる。（5時間目） ・友達と好きな場面を伝え合い、学習を振り返る。（6時間目）	比喩（たとえ） 行動 気持ち

⑤ スイッチを働かせた授業の姿

［2時間目］ ─物語のおもしろさを 文種 と 比喩（たとえ） から捉える─

学習活動	指導のポイント
「まいごのかぎ」のおもしろさを伝え合おう	

C 私は、りいこに次々と不思議なことが起こるのがおもしろかった。

C 普通ではありえないことが起きている。かぎをさしたら、桜の木にどんぐりがついたり、ベンチが歩いたりしている。

C かぎを引きぬくと元に戻るから、それが何回もくり返されるのがおもしろいよ。

C 不思議なことが起こるのに、りいこがやめないのもおもしろかった。「よけいなことはやめよう」と言っているのに、またかぎを回すんだから。

C 最後に、バスがダンスをしているのも楽しいよね。

 りいこは、どのような不思議な出来事を経験しましたか？順番に出していきましょう。

☞Point
1時間目に、「この物語のおもしろさ」を観点にして初発の感想を書いています。その際に、「おもしろかった表現」も書くように促すと、 比喩 や「オノマトペ」などの表現に立ち止まる子どもいるでしょう。ノートを見とり、授業での指名につなげていくことが大切です。

☞Point
りいこに不思議な出来事が4回

C　まず、最初は桜の木がどんぐりの実をつけたよね。

C　次は、ベンチだよ。のそのそ歩いて、寝息を立て始めた。

C　３つ目は、あじの開き。羽ばたいて、飛んでいこうとした。

C　最後は、バス停だよね。そうしたら、バスがダンスしたよ。

４つの不思議な出来事がありましたね。では、この中で、おもしろい表現はありましたか？

C　私は、あじの開きが飛んで行くところ。「<u>小さなかもめみたいに、羽ばたき始めます。</u>」と書いてあった。あじがかもめみたいに飛んでいくって、想像しただけでも、おもしろい。

「小さなかもめみたい」と比喩が使われていますね。２年生でも比喩が使われた物語がありましたね。

C　「スイミー」に出てきたよ。

C　「<u>水中ブルドーザーみたいないせえび。</u>」は、大きい感じがした。

C　「<u>にじ色のゼリーのようなくらげ。</u>」もそうだよね。くらげがゼリーのようにプルンプルンしている感じが伝わってきた。

よく覚えていましたね。「まいごのかぎ」でも、たくさん比喩が使われているので探してみましょう。

C　バス停の時刻表が動くときには、「<u>数字が、ありのように、ぞろぞろ動いているのです。</u>」と書いてある。たくさんの数字が、ありの行列のように動いているみたいだね。

C　ベンチは、「<u>大きな犬のように、せなかをそらしました。</u>」から、あくびをしている感じがする。

C　物語の最初も「<u>海ぞいの町に、パリッとしたシャツのような夏の風がふきぬけます。</u>」と比喩が使われている。

みなさんは、この夏の風はどんな感じがするでしょうか？

C　さわやかな感じがする。とっても気持ちがいい。

C　「<u>パリッと</u>」だから、乾いているよね。涼しい感じがする。

C　比喩があると場面の様子がよく分かるし、不思議な出来事がさらにおもしろくなるね。

起こりますが、その順番も大切です。この出来事の移り変わりが、次時の場面分けへの手がかりとなります。

☞ Point
もし 比喩 の表現が出ないようであれば、教師から提示して考えられるようにしましょう。

☞ Point
以前に学んだことを想起して、学びをつなげるのも大切なことです。子どもの実態に応じて、「スイミー」の挿絵を提示したり、「□□□みたいないせえび」と穴埋めにしたりして考えられるようにしましょう。

☞ Point
見つけた箇所に、マーカーなどを引きましょう。ただ 比喩 を見つけるだけでなく、そこからどのようなイメージができるのかを交流することが大切です。

☞ Point
比喩 の部分を抜いて、比べて考えてみてもよいでしょう。比喩 が使われていることで、読者が豊かに想像できることに気付けるようにします。

このような不思議なことが起こる物語のことを「ファンタジー」と言います。アニメ、映画にも、ファンタジーの作品がたくさんあります。

☞ Point
文種 について押さえた後、今まで読んだり観たりしたファンタジー作品を出し合ってみるのもよいでしょう。

[4時間目] ―りいこの 気持ち の変化を 行動 から捉える―

学習活動	指導のポイント

どうして、りいこは、バス停の看板にかぎをさしこんだのだろう

りいこは「よけいなことはやめよう」と思ったばかりでした。なのに、どうして、かぎをさしこんだのでしょうか？

C 「点の一つが、ぱちっとまたたきました。」とあるから、りいこに「かぎをさして」というふうに見えたんだと思う。

C りいこは、よけいなことをやりたい女の子。私も経験があるけど、ついついやってしまうんだよね。

C きっと好奇心が勝ってしまうんだね。

C りいこは迷っていて、「ダメという心」と「かぎをさしこみたいという心」が戦っているみたい。

C だから、「これで、さいごだからね。」と言っているんだ。

☞ Point
りいこの 行動 から、気持ち を想像します。りいこの 行動 の理由は、子どもたちの経験と結び付けて考えると想像しやすくなるでしょう。「みんなもこういう経験あるかな？」と問いかけることも効果的です。

りいこは、どうして「これで、さいごだからね。」と言ったのでしょうか？

C りいこのことは2場面で「悲鳴を上げます。」と書いてある。りいこは、もうそんな目にあいたくなかったからだ。

C 3場面でも「ためいきを一つついて、公園を後にしました。」と書いてあるから、もう同じことをくり返したくなかったんだよ。

C りいこは、よけいなことばかりしているから、これで最後だと自分の心に向けて言っているんだと思う。

☞ Point
これまでのりいこの 行動 に着目し、りいこの 気持ち を捉えることが大切です。

では、りいこはよけいなこと、つまり、バス停にかぎをさしこまない方がよかったのでしょうか？

C かぎをさしてよかったと思う。「そのダンスに見とれていまし

☞ Point
りいこの 気持ち の変化に迫るための発問です。りいこは、自分のしたことはよけいなことでは

た。」と書いてあるものね。

C　りいこは「いつまでも、その手をふりつづけていました。」と書いてあるから、最後にうれしくなっている。

C　「はっと気づいたのです。」という言葉から、りいこは、かぎをさしこんでよかったと思ったんだ。

C　かぎをさしこんだから、桜の木も楽しかったんだとりいこは気付くことができたんだよ。

つまり、りいこは何に気付いたのでしょうか？

C　自分がしたことは、よけいなことではないと気付いた。

C　うさぎの絵を描いたことも、よけいなことではなかった。だって、最後にそのうさぎに会えたんだから。

C　「みんなも、すきに走ってみたかったんだね。」と思っているから、りいこも好きなように行動してもいいんだと気付いたと思う。

C　最初、りいこは自分のことがいやだったけど、最後はうれしそうだから気持ちが大きく変わっている。

C　りいこは、自分のことを好きになったと思う。

不思議な出来事が起こったおかげで、りいこの気持ちは、最初と最後で大きく変わりましたね。

なかったと気付きます。りいこの（気持ち）がマイナスからプラスに変化したこと、自分自身のことを肯定的に捉えられるようになったことに気付けるようにします。

☞Point
子どもの実態や発言に応じて「りいこは、何の大切さに気付いたのか」「りいこは、自分のことをどう思うようになったのか」などと切り返し、りいこの（気持ち）の変化を捉えることができるようにしましょう。

「まいごのかぎ」

❻　今後の教材につながるスイッチ

スイッチ	つながる教材
文種	「三年とうげ」（3年）→「友情のかべ新聞」（4年）など
行動と表情	「ちいちゃんのかげおくり」（3年）→「三年とうげ」（3年）など
気持ち	「ちいちゃんのかげおくり」（3年）→「三年とうげ」（3年）など
場面と出来事	「ちいちゃんのかげおくり」（3年）→「三年とうげ」（3年）など
比喩（たとえ）	「白いぼうし」（4年）→「帰り道」（6年）など

3年 「ちいちゃんのかげおくり」

1 単元の目標

　ちいちゃんの気持ちの変化を場面の移り変わりと結び付けて具体的に想像し、物語の感想を書くことができる。

2 本単元で働かせるスイッチ

［ ◎習得スイッチ ］

境遇や状況　　文の長さ

［ ○活用スイッチ ］

行動と表情　　気持ち

カギことば　　文末　　作者（訳者）と出典

［・定着スイッチ ］　時と場　　場面と出来事　　登場人物　　会話文と地の文　　挿絵

3 教材の特徴とスイッチ

　「ちいちゃんのかげおくり」は、昭和61年度版の教科書から掲載されている　作者　あまんきみこさんの作品です。子どもたちは、ちいちゃんに寄り添いながら物語を読んでいきますが、読者としての視点でちいちゃんや物語全体を見つめることも大切です。戦時中の物語でもあるため、子どもにとって解釈が難しいところもありますが、スイッチを活用することで、子どもの読みは豊かになります。

▶「文の長さ」や「文末」に立ち止まり、「境遇や状況」を具体的に想像する

　空襲警報の場面で、　境遇や状況　を表す表現に立ち止まってみましょう。

> お兄ちゃんがころびました。足から血が出ています。ひどいけがです。

　文の長さ　に着目します。短文が連なり、物語に緊迫感と臨場感を生み出しています。　文末　が現在形で描かれていることも、その効果をもたらしていますね。

> ちいちゃんは、ひとりぼっちになりました。ちいちゃんは、たくさんの人たちの中でねむりました。

お母さんとはぐれ、大勢の人の中で眠るちいちゃん。子どもからは「ちいちゃんは、一人で眠れてすごい。」という感想が出されることがありますが、どうでしょうか。空襲警報の恐怖、周りの混乱、お母さんと離れた心細さ。ちいちゃんは、どれくらいの距離を走ったのでしょう。ちいちゃんの精神力も体力も、すでに極限に達していたはずです。おまけに辺りは真っ暗闇。幼いちいちゃんには、なす術もない（境遇や状況）だということを具体的に想像する必要があるでしょう。では、このような（境遇や状況）に置かれたちいちゃんの次の行動を比べてみましょう。

> ・ざつのうの中に入れてあるほしいいを、少し食べました。
> ・ちいちゃんは、ざつのうの中のほしいいを、また少しかじりました。

ほしいいを「食べました」から、「かじりました」に変わっています。ちいちゃんは衰弱していっているのか、あるいは食べ物が少なくなっているのかなど、この行動描写から様々な状況が考えられそうです。

▶ 文学を彩る「カギことば」、何度も出てくる言葉に敏感に

物語には、作者の意図によりくり返し出てくる言葉があります。「ちいちゃんのかげおくり」では「青い空」が（カギことば）にあたります。はじめて家族でかげおくりをしたのは「青い空」。ちいちゃんが一人でかげおくりをする場面も「青い空」でした。そして、何十年後の町にも「青い空」が描写されています。「青い空」は、ちいちゃんにとって「家族のつながり」を意味しています。

次の（カギことば）は、「きらきら」という表現です。

> ・ちいちゃんは、きらきらわらいだしました。わらいながら、花ばたけの中を走りだしました。
> ・青い空の下、今日も、お兄ちゃんやちいちゃんぐらいの子どもたちが、きらきらわらい声を上げて、遊んでいます。

やっと家族と出会い、「きらきら」走り出すちいちゃんと、平和な時代になり「きらきら」笑い声を上げる子どもたちが対比して描かれています。ちいちゃんが「きらきら」笑いながら命を落とすだけに、読者はより深い悲しみを覚えるのです。

④ 単元計画（全10時間）

時	学習活動	習得／活用スイッチ
1・2	○教材「ちいちゃんのかげおくり」を読み、学習の見通しをもつ。 ・初発の感想を書く。（1時間目） ・あらすじや物語の設定を確かめる。（2時間目）	作者（訳者）と出典
3〜6	○第1場面から第4場面までを読み、ちいちゃんの気持ちの変化を具体的に想像する。 ・ちいちゃんにとって、かげおくりは、どのようなものなのかを考える。（3時間目） ・ちいちゃんが、お母さんたちとはぐれた様子を読み取る。（4時間目） ・ちいちゃんが衰弱していく様子や家族を思う気持ちを想像する。（5時間目） ・ちいちゃんが、一人でかげおくりをする様子を読み取る。（6時間目）	境遇や状況 行動 気持ち 文末 文の長さ
7	○第5場面の意味を考える。	カギことば
8〜10	○物語を読んだ感想をまとめ、友達と伝え合う。 ・物語の感想を理由とともにノートにまとめ、初発の感想との違いを比べる。（8・9時間目） ・友達と感想を読み合い、学習を振り返る。（10時間目）	

⑤ スイッチを働かせた授業の姿

[4時間目] ― 文の長さ 文末 から、ちいちゃんの 境遇や状況 や 気持ち や空襲の様子を想像する―

学習活動	指導のポイント
どうして、ちいちゃんは、お母さんたちとはぐれてしまったのだろう	
C 最初、ちいちゃんはだき上げられていたけど、お兄ちゃんがけがをしてしまった。 C 「足から血が出ています。ひどいけがです。」から、お兄ちゃんの大変な様子が伝わってくるよ。 C お兄ちゃんをおんぶしたから、ちいちゃんはお母さんと一緒に	☞ Point お兄ちゃんがけがをする描写は、文の長さ が短くなっています。 「足から血が出ていて、ひどいけがをしています。」と一文にして比べてみることで、短文の連な

走るしかなかった。でも、「たくさんの人においぬかれたり、ぶつかったり－」と、周りもパニックになっていた。

C　空襲警報が鳴ったのは夜で真っ暗だから、お母さんと一緒に走ることも難しいと思う。

C　挿絵を見ると、お母さんはちいちゃんの手をしっかりにぎっている。でも、その手が離れてしまったんだと思う。

C　しかも、すごい空襲だ。「ほのおのうずがおいかけてきます。」から、炎の勢いや速さが感じられる。みんな必死で逃げているから、幼いちいちゃんははぐれてしまったんだ。

 文の終わりが「おいかけてきます」と「おいかけてきました」ではどのような違いがありますか？

C　「おいかけてきました」だと、なんかゆっくりな感じがする。

C　「おいかけてきます」だから、炎の迫力が伝わってくる。

C　文も短くて、ハラハラ、ドキドキしてくるよね。

 その後、ちいちゃんは、ひとりぼっちの状況になってしまいました。このとき、ちいちゃんは、どのような気持ちだったのでしょうか？

C　「ひとりぼっちになりました。」から、不安で孤独。

C　お母さんとお兄ちゃんのことをずっと考えている。心細いよ。

C　「暗い橋の下」だから、怖くて、震えていると思う。ちいちゃんの気持ちも真っ暗だと思うよ。

C　寂しくて寂しくてたまらないよね。

 みんなが、ちいちゃんみたいな状況に置かれたら、どうでしょうか？

C　耐えられない。もうどうすることもできないよ。

C　ずっと走ってきて疲れて、何も考えられないと思う。

C　暗くて、怖くて震えるしかない。ちいちゃんも、きっと限界がきて眠ってしまったんだと思う。

 このような状況から、ちいちゃんのどうしようもない気持ちや様子が読み取れますね。

りが物語に緊迫感を生み出していることを感じられるようにしてもいいですね。

☞ Point
子どもの実態によっては、この（文末）の「擬人法」に着目し炎のイメージを具体的に想像してもよいでしょう。

☞ Point
（気持ち）を考える際には、「寂しい」「悲しい」だけに集約しないことが大切です。「孤独」「不安」「心細い」「恐怖」など、多様な言葉でちいちゃんの（気持ち）を想像し、語彙を豊かにしていきましょう。

☞ Point
ちいちゃんの置かれた過酷な（境遇や状況）を想像することが大切です。小さな体で走ってきたこと、真っ暗な様子、炎の熱気、ひとりぼっちの不安な状況などをふまえ、ちいちゃんの立場になって考えられるようにしましょう。

3年
「ちいちゃんのかげおくり」

113

| 学習活動 | 指導のポイント |

1～4場面と5場面を比べて、同じところや違うところを考えよう

 1～4場面と5場面を比べると、どこが違うでしょうか？

C　4場面までは戦争をしている。でも、第5場面は平和になっている。

C　1場面では、空襲でかげおくりもできなくなった。5場面は、子どもたちが公園で遊んでいて幸せな様子だ。

C　5場面は、何十年後の町が書かれている。戦争が終わって、平和になったことが伝わる。

☞Point
戦争中までの4場面、平和になった5場面を対比して捉えることが大切です。戦争中から平和な世界になったことが読み取れるでしょう。

 5場面は、これまでと大きく違いますが、1～4場面と同じ表現や言葉はないでしょうか？

C　「青い空」は、5場面にも書いてあるよ。

C　「青い空」は、4場面までにも何度も出てくる。

☞Point
「青い空」は、この物語全体を包み込む カギことば です。「青い空」から「平和」がイメージできますが、ちいちゃんが一人でかげおくりをする場面でも「青い空」という表現でした。ちいちゃんにとっての「青い空」が表すものを考えられるようにしましょう。

 「青い空」という言葉を探してみましょう。「青い空」は、この物語で何を表しているでしょう？

C　「平和」を表していると思う。平和だから子どもたちは遊ぶこともできるよ。

C　私は「自由」を表していると思う。ちいちゃんも、「青い空」のときは、自由にかげおくりができていたから。

C　でも、ちいちゃんがひとりぼっちでするかげおくりも「青い空」だったよ。「平和」だけではないような…。

 では、ちいちゃんにとって「青い空」は何を表しているのでしょうか？

C　ちいちゃんにとっては、「家族」だと思う。大切な家族とやった2回のかげおくりに「青い空」が出てきたから。

C　私もちいちゃんにとっての「青い空」は、かげおくりにつながる。だから、「家族とのつながり」を表していると思う。

「青い空」以外にも、共通して出てくる言葉はありませんか？

C 「きらきら」が同じだよ。

C 4場面に「ちいちゃんは、きらきらわらいだしました。」と書いてある。5場面の「きらきらわらい声を上げて」と同じだ。

この「きらきら」を比べてみます。どんなことを感じるでしょうか？

C 5場面の公園で遊んでいる子どもたちは、それくらいうれしくて、幸せなんだよ。

C ちいちゃんは、やっと家族と巡り会えたから「きらきら」だけど、命を落としたことに気付いていないよね。

ちいちゃんは「きらきら」笑いながら命を落とします。みなさんは、どのように思いますか？

C ちいちゃんは幸せに思っているけど、私たちには悲しく感じる。

C ちいちゃんには生きてほしかった。平和な時代の子どものように。

C ちいちゃんが「きらきら」笑っている。それを見ていると切なくなってくるよ。

物語に何度も出てくる言葉に立ち止まると、物語全体が深く味わえますね。

☞ Point
「きらきら」という表現も大切な カギことば です。「きらきら」笑いながら命を落とすちいちゃんを、「読者」の視点でどのように感じるかを発表できるようにしたいものです。「きらきら」が笑顔にあふれているだけに、読者の胸に切なさ、悲しさを呼び起こします。

☞ Point
ここは一人の読者として、ちいちゃんを捉えることが大切です。ちいちゃん自身は家族と会えて幸せですが、だからこそ、そこで命を落とすことになるちいちゃんに、読者は深い悲しみを覚えるのです。

6 今後の教材につながるスイッチ

スイッチ	つながる教材
境遇や状況	「一つの花」（4年）→「ごんぎつね」（4年）など
行動と表情	「三年とうげ」（3年）→「モチモチの木」（3年）など
気持ち	「三年とうげ」（3年）→「モチモチの木」（3年）など
カギことば	「一つの花」（4年）→「銀色の裏地」（5年）など
文末	「大造じいさんとガン」（5年）
文の長さ	「モチモチの木」（3年）→「大造じいさんとガン」（5年）
作者（訳者）と出典	「モチモチの木」（3年）→「白いぼうし」（4年）など

「三年とうげ」

3年

❶ 単元の目標

　おじいさんの行動や気持ちなどについて叙述をもとに捉え、自分が選んだ民話を紹介することができる。

❷ 本単元で働かせるスイッチ

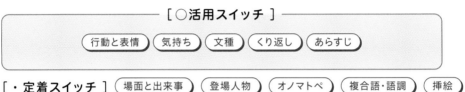

[○活用スイッチ]

（ 行動と表情 ）（ 気持ち ）（ 文種 ）（ くり返し ）（ あらすじ ）

[・定着スイッチ]　（ 場面と出来事 ）（ 登場人物 ）（ オノマトペ ）（ 複合語・語調 ）（ 挿絵 ）

❸ 教材の特徴とスイッチ

　「三年とうげ」は、朝鮮半島に伝わる民話です。教科書には、外国の民話もたくさん掲載されています。「おおきなかぶ」はロシア、「スーホの白い馬」はモンゴルに伝わる民話でした。子どもたちも、これらの民話を読んだ楽しさを覚えているでしょう。本単元では、（ あらすじ ）をまとめながら、民話のおもしろさを紹介する言語活動を設定しています。その言語活動に向けて、民話には、どのような表現や構成の特徴があるのかを見ていきましょう。

▶「民話」という「文種」の特徴を見つめる

　「三年とうげ」のおもしろさを、「民話」という（ 文種 ）の特徴と重ねてみます。まず、民話はストーリーが単純明快。「三年とうげ」は「起承転結」がはっきりしています。

> 「起」…三年とうげにまつわる言い伝えを紹介する。
> 「承」…おじいさんが三年とうげで転び、病気になる。
> 「転」…トルトリが登場し、おじいさんに三年とうげで何度も転ぶように提案をする。
> 「結」…トルトリの提案を実行したおじいさんが、元気になって長生きをする。

　「三年とうげ」では、単純で物事を信じやすいおじいさん、機転の利くトルトリ

116

というように人物像が分かりやすく設定されています。物語の結末が明快な点も、民話の特徴といえるでしょう。

　次に、表現のおもしろさです。「けろけろけろっ」という「オノマトペ」、「えいやら　えいやら　えいやらや。」という（くり返し）。思わず声に出して読みたくなってきませんか。このような「オノマトペ」や特有の言い回しである（くり返し）が、民話のもう1つの特徴です。

　さらに、民話には、生きるための教訓や知恵が含まれています。「三年とうげ」では、「病は気から」というところでしょうか。トルトリの提案通りに三年とうげを転げ落ちたおじいさんは、すぐに元気になっていますからね。

　本単元の最後には、子どもたちは自分で民話を選んで読み、紹介し合います。民話は民衆の生活の中から生まれ、長く語り継がれてきました。人間ならではの優しさ、ユーモア、知恵なども感じ取っていければよいですね。

▶「複合語」から「気持ち」は読める！

　これまで、登場人物の（行動と表情）と（気持ち）をつなげて読むことを学んできました。中学年は、（行動と表情）（気持ち）が読みの中心となっています。ここでは、おじいさんの気持ちが表れている行動描写を取り上げます。

> そして、ふとんからはね起きると、三年とうげに行き、わざとひっくり返り、転びました。

　「はね起きる」は、「はねる」と「起きる」を合わせた「複合語」です。これは、「スーホの白い馬」で新たに習得したスイッチです。ここから、「一刻も早く三年とうげに行きたい」というおじいさんの気持ちが伝わってきます。では、この文を次のように書き換えてみます。

> そして、ふとんから起きると、三年とうげに行き、わざとひっくり返り、転びました。

　おじいさんの気持ちが全く感じられなくなってしまいました。実際の授業では、ぜひ比べて提示してください。（気持ち）を捉えるために「複合語」はとりわけ重要です。

❹ 単元計画（全6時間）

時	学習活動	習得／活用スイッチ
1	○教材「三年とうげ」を読み、学習の見通しをもつ。 ・単元の最後に、民話を選んで読み、そのおもしろさを伝え合うことを確認する。	文種
2・3	○「三年とうげ」の内容や書かれ方を確かめる。 ・登場人物、出来事、登場人物の気持ちなどを確かめる。（2時間目） ・ぬるでの木のかげで、歌を歌った人物は誰なのかを考える。（3時間目）	行動と表情 気持ち
4	○「三年とうげ」のおもしろさを伝え合う。 ・内容と表現に着目して、「三年とうげ」のおもしろさを伝え合う。	行動と表情 気持ち くり返し
5・6	○民話を選んで読み、友達に紹介する文章を書く。 ・民話を選んで読み、あらすじをまとめ、おもしろい部分を引用して紹介文を書く。（5時間目） ・書いた紹介文を読み合い、学習を振り返る。（6時間目）	あらすじ

❺ スイッチを働かせた授業の姿

[3時間目] ― 行動と表情 を比べて読み、おじいさんの 気持ち の変化を読み取る―

学習活動	指導のポイント

ぬるでの木のかげで、歌を歌ったのは誰だったのだろう

C　トルトリだと思う。おじいさんを楽しくさせて、たくさん転ぶようにしたかったんだよ。

C　私もトルトリ。「おいらの言うとおりにすれば、おじいさんの病気はきっとなおるよ。」と自信がある。だから、歌を歌って、おじいさんがどんどん転がるようにしたんだ。

C　「おじいさんは、すっかりうれしくなりました。」とあるから、トルトリの思った通り、転がり落ちていったよね。

☞ Point
多くの子どもがトルトリをあげると思われます。どこからそのように考えたのか、なぜそのように思ったのかという「根拠」と「理由」をもって発言することが大切です。

お話の最初でおじいさんが転んだとき、おじいさんはどんな様子でしたか？

C　おじいさんは「真っ青」になっている。この表情から、不安で心配になっているおじいさんの気持ちが伝わる。

C　「がたがたふるえました。」と書いてあるから、怖くて怖くてたまらないんだ。

C　しかも、「おいおい」泣いている。とても悲しい気持ちが伝わってくるね。

それが、おもしろい歌を聞いて、転がり落ちて、おじいさんはどうなりましたか？

C　「もう、わしの病気はなおった。」と、にこにこ笑っている。

C　最初は、三年とうげで転んで病気になったけど、楽しい歌を聞いて転がり落ちたら、病気もすっかりよくなった。

C　「けろけろけろっとした顔で」とあるから、ずっと病気だったけど、すぐに病気が治っているね。

こんなにすぐに病気が治ったのはどうしてでしょうか？

C　おじいさんの病気は、気持ちが下がっていただけだったのかもしれないね。

C　おじいさんは、三年とうげの言い伝えを信じすぎて、ショックになり、それで病気になったと思う。

C　だけど、最後には転がり落ちて気持ちがうれしくなっている。だから、おじいさんはすぐに「けろけろけろっ」とした表情したんだ。

C　ということは、三年とうげの言い伝えは、本当のことではなかったのかも。

C　きっとトルトリは、そのことを知っていたんだよ。

物語の最初と最後で、おじいさんの様子と気持ちはすっかり変わりましたね。

☞ Point
最初のおじいさんの様子と (気持ち) を問う発問です。まず、最初のおじいさんの様子を発表します。おじいさんの様子が分かる (行動と表情) をもとに、おじいさんがどのような (気持ち) かを考えます。

☞ Point
おじいさんの (気持ち) の変化を考えます。最初と最後を比べて、おじいさんの様子の変化を捉えられるようにします。

☞ Point
民話である「三年とうげ」のおもしろさに深く迫ります。おじいさんの病気は (気持ち) がもとになっていたこと、だからこそ、おじいさんが楽しく転がり落ちるとすぐに病気が治ってしまうというおもしろさを感じられるようにしましょう。

| 学習活動 | 指導のポイント |

民話である「三年とうげ」のおもしろさを伝え合おう

 まず、「内容」についてのおもしろさから発表してみましょう。

C 「三年とうげ」のストーリーがおもしろかった。おじいさんが生きられないかもと思って、最後までドキドキした。

C 続きがどうなるのかワクワクした。自分が思ってもみないような終わり方だった。

C 「三年とうげ」の言い伝えをうまく逆転して考えたところがおもしろい。

C おじいさんが、「三年とうげで転ぶでないぞ。」と自分で歌っているのに、転んでしまうところもおもしろいよ。

C おじいさんの様子もおもしろい。「おいおい」泣くんだから。

C でも、最後は「けろけろけろっ」となって、なんて素直なおじいさんなのかと思った。

☞Point
「三年とうげ」のおもしろさを「内容」と「表現（言葉）」の観点に分けて捉えていくとよいでしょう。「内容」は、「登場人物」の様子や「気持ち」、物語の展開なども含みます。「表現」は、「くり返し」オノマトペなどのスイッチが入っています。

 「三年とうげ」のおもしろさに、「登場人物」も関係しているんですね。

C 登場人物だと、私はトルトリが賢いと思った。トルトリが、おじいさんの病気を治すきっかけとなったから。

☞Point
「登場人物」について考えることは、次の「モチモチの木」の学習で豆太の性格を考えることにつながります。

 それでは、表現や言葉についてのおもしろさを教えてください。

C 「えいやら　えいやら　えいやらや。」がおもしろかった。

 ここでは、くり返しの表現が使われています。くり返しには、どのようなよさがあるでしょうか？

C くり返しがあると何度も読みたくなるし、覚えやすい。

C それに、リズムに乗って読むことができるよ。

C くり返しがたくさん出てくるから、教科書を見なくても楽しく読めるよね。

☞Point
「三年とうげ」では、「くり返し」が多用されています。だからこそ、リズムに乗って読めることが感じられるようにしましょう。途中で音読をして、リズム感のよさを味わってみてもよいでしょう。

C　ぬるでの木のかげの歌では「ころりん」がくり返されていて、それだけでリズムよく読めるし、おじいさんの楽しそうな気持ちになって読むことができる。

 たしかに「三年とうげ」は、くり返しを中心にリズムよく読めるところがおもしろいですね。

C　おじいさんの気持ちを表す言葉もおもしろい。

C　「おいおいなきました。」や「けろけろけろっ」という表現もおもしろい。

 「おいおい」や「けろけろけろっ」のような表現の仕方を何と言いましたか？

C　オノマトペと言ったよ。

C　だから、三年とうげはオノマトペのおもしろさがある。

 これらのオノマトペから、おじいさんの気持ちや様子が伝わってきますね。

C　あと、「三年とうげ」では、最後に歌ったのは誰か答えを言わない書き方がいいと思う。

C　「だれだったのでしょうね。」で終わると、ずっと考えたくなる。だから、みんなで話し合いを楽しめたよね。

 民話である「三年とうげ」には、内容や言葉の使い方など、たくさんのおもしろさがありましたね。

☞Point
「オノマトペ」はすでに子どもたちに定着しているスイッチです。子どもから「オノマトペ」の用語が出なければ、問い返して定着できるようにします。「オノマトペ」という用語を覚えるだけではなく、オノマトペが、おじいさんの「気持ち」や様子を豊かに表す働きをしていることに気付けるようにしましょう。

☞Point
物語の最後の一文には、作者の工夫が施されています。子どもたちが、これから終わりの文に着目できるよう声をかけてもいいですね。

6 今後の教材につながるスイッチ

スイッチ	つながる教材
文種	「友情のかべ新聞」（4年）→「やなせたかし」（5年）
行動と表情	「モチモチの木」（3年）→「白いぼうし」（4年）など
気持ち	「モチモチの木」（3年）→「白いぼうし」（4年）など
くり返し	「スワンレイクのほとりで」（4年）→「たずねびと」（5年）

「モチモチの木」

3年

❶ 単元の目標

　豆太の気持ちの変化や性格、語り手の豆太への見方を場面の移り変わりと結び付けて想像し、豆太について考えたことを伝え合う。

❷ 本単元で働かせるスイッチ

[◎習得スイッチ]
語り手　性格　擬人法
体言止め・倒置法

[○活用スイッチ]
行動と表情　気持ち
文の長さ　作者（訳者）と出典

[・定着スイッチ]　場面と出来事　挿絵

❸ 教材の特徴とスイッチ

　3年生にとって集大成の物語文となるのが、この「モチモチの木」です。これまでに学んだスイッチを活用しながら読んでいきますが、この単元では新たに4つのスイッチを習得します。これからの物語文の学習において、どれも大切なものばかり。それでは、これらのスイッチに焦点をあてて教材の特徴を見ていきましょう。

▶「倒置法」「文の長さ」などで、「語り手」が物語のおもしろさを引き立てる

　場面や登場人物の様子などを語りながら物語を進めるのは誰でしょうか。それは「作者」ではなく 語り手 です。「モチモチの木」の 語り手 は独特な語り口をしており、それが物語を魅力的なものにしています。まずは、冒頭の一文です。

全く、豆太ほどおくびょうなやつはない。

　豆太の性格をこのように評しているのは、 語り手 です。 語り手 は、自らの見方や考え方を物語に反映させることができるのです。また、「いたくて、寒くて、こわかったからなぁ。」のように、登場人物の内面に入り込んで気持ちを語ることもできます。次に、「豆太は見た」の場面。語り手の文体に注目です。

122

> ねまきのまんま。はだしで。半道もあるふもとの村まで―。

（文の長さ）が極端に短くなり、（倒置法）で表現されています。豆太の行動に驚き、豆太と一体化したように描かれています。臨場感や緊迫感が読者にひしひしと伝わり、思わず豆太を応援したくなります。これも（語り手）の語り口があってこそ。「モチモチの木」では、（語り手）の存在が物語の魅力を際立たせているのです。

▶「性格」を多様な言葉で捉える

豆太は、どのような（性格）をしているのでしょう。「やい、木い」の場面からは、豆太は臆病なだけではないことが分かります。

> 「やい、木い、モチモチの木い、実い落とせぇ。」なんて、昼間は木の下に立って、かた足で足ぶみして、いばってさいそくしたりするくせに、夜になると、豆太はもうだめなんだ。

昼間の豆太は、「強がり」「活発」「いじっぱり」「やんちゃ」…。様々な言葉で言い表すことができます。人物の（性格）は、一面的ではなく多面的なものです。このとき、人物の（性格）を一言で集約してしまったらどうでしょう。子どもの語彙力は、貧弱なままになってしまいます。子どもたちに豊かな言葉の力を育むためにも、多様な言葉で人物の（性格）を捉え表現することが大切です。

▶「擬人法」でイメージを豊かに

昼と夜では、豆太の性格が真逆になっていました。昼間はモチモチの木に対してあれだけ威勢のよかった豆太ですが、夜になると別人になってしまいます。

> 木がおこって、両手で、「お化けぇ。」って、上からおどかすんだ。

もちろん、モチモチの木が本当に脅かすわけではありません。これは、豆太から見た夜のモチモチの木のイメージです。（擬人法）で表現することにより、豆太が夜のモチモチの木をどのように感じているのか、どれだけ怖れているのかがリアルに伝わってきます。（擬人法）に立ち止まり、その場面の様子を想像力豊かに読んでいきたいですね。

④ 単元計画（全12時間）

時	学習活動	習得／活用スイッチ
1・2	○教材「モチモチの木」を読み、学習の見通しをもつ。 ・「モチモチの木」を読んだ感想を書く。（1時間目） ・感想を交流し、「語り手」を押さえる。（2時間目）	作者（訳者）と出典 語り手
3～7	○場面ごとに豆太やじさまの行動や気持ちを読み取る。 ・語り手とじさまの豆太への見方を考える。（3時間目） ・昼と夜で異なる豆太の性格を捉える。（4時間目） ・最初からあきらめる豆太の気持ちを読み取る。（5時間目） ・ふもとの村に走る豆太の様子を読み取る。（6時間目） ・語り手とじさまは、豆太への見方を変えたのかを考える。 （7時間目）	語り手 行動 気持ち 性格 擬人法 文の長さ 倒置法
8・9	○物語のはじめと終わりで、豆太は変わったのかを話し合う。 ・着目する点を1つ選び、考えをまとめる。（8時間目） ・着目した点が同じ人や違う人で、考えを伝え合う（9時間目）	行動 気持ち
10～12	○豆太について考えたことや感じたことをまとめ、伝え合う。 ・豆太について考えたことをノートにまとめる。（10時間目） ・まとめた考えを伝え合う。（11時間目） ・学習を振り返る。（12時間目）	

⑤ スイッチを働かせた授業の姿

［3時間目］ ― 語り手 とじさま、それぞれの豆太への見方を読み取る―

学習活動	指導のポイント

語り手とじさまは、豆太をどのように見ているのだろう

 まず、「語り手」は、豆太のことをどのように見ているのでしょうか？

C 「全く、豆太ほどおくびょうなやつはない。」から、これまで「語り手」が見てきた中で一番の臆病だと思っている。

C 「全く」「やつはない」と表現されているから、あきれている感じ

☞ Point
「おくびょう豆太」の場面を中心に、 語り手 の豆太への見方を捉えていきます。ここでは音読をしてみるのも効果的です。
語り手 になりきって、あきれるように抑揚をつけて読むことで、

がするよね。

C 「一人でせっちんぐらいに行けたっていい。」だから、どうして
いけないのか不思議に思っている。

C 「どうして豆太だけが、こんなにおくびょうなんだろうか―。」か
らは、やれやれという感じがするよ。

**では、みなさんが豆太だったら１人でせっちんに行
けるでしょうか？**

C 外にトイレがあったら、夜は絶対１人では行けないよ。

C 今でも、夜は家族について来てもらっているから。

C 今だったら平気だよ。でも、５歳だったら難しいと思う。

**みなさんは、「語り手」のように豆太を臆病だと感
じますか？**

C 挿絵を見ると、じさまの膝の上でせっちんをするのはさすがに
臆病だと思う。

C でも、モチモチの木が恐ろしいから、そこまで臆病とは思わな
い。

C 自分も一人では行けないと思うし、５歳だから仕方がないよ。

**語り手とみなさんの見方が違っていておもしろいで
すね。では、じさまは豆太をどのように見ているの
でしょうか？**

C 豆太がどんなに小さな声で言っても、すぐにじさまは起きてく
れる。豆太のことを大切に思っているんだ。

C 「とうげのりょうし小屋に、自分とたった二人で」とあるから、
豆太には友達も近くにいない。だから、じさまは豆太がかわい
くて大切なんだ。

C 「豆太が、かわいそうで、かわいかったからだろう。」とあるか
ら、親がいない豆太が愛しいんだよ。

**そんなじさまのことを、豆太はどのように思ってい
るでしょうか？**

C たった１人の家族だから、じさまのことが大好きだよ。

C じさまがいなければ、何もできない感じもする。豆太にとって

（語り手）の見方がさらに感じら
れるはずです。

☞ Point
自分に置き換えたり、自分の体
験と結び付けて考えたりするこ
とも物語を豊かに読む上では大
切です。素直に話し合える関係
性を育みたいものです。

☞ Point
豆太を臆病だと言うのは、
（語り手）です。自分自身と
（語り手）の豆太への見方は異
なっていても問題ありません。

☞ Point
布団をぬらされる心配よりも、
豆太への愛情が強いことを叙述
をもとに読み取っていきます。
「挿絵」を参考にするのもよいで
しょう。

☞ Point
豆太のじさまへの見方も考えま
しょう。これは、「豆太は見た」
の場面での豆太の「行動」への布
石となります。

じさまはいなくてはならない人なんだね。

C 「とうげのりょうし小屋に、自分とたった二人」だから、豆太は
じさまだけが頼りなんだ。

[4時間目] ―豆太の（性格）を読み取り、（擬人法）から夜のモチモチの木を想像する―

学習活動	指導のポイント

豆太は、どのような性格の子どもだろうか

まず、昼の様子から豆太の性格を考えましょう。

C 「やい、木ぃ、モチモチの木ぃ、実ぃ落とせぇ。」と、豆太は叫
んでいるような感じ。とても活発な様子が伝わる。

C それに、なんかいばっているよ。

C 「かた足で足ぶみして」だから、豆太は、やんちゃな性格だと思
う。

C 元気いっぱいだよね。それに、そそっかしい感じもする。

C 夜は怖いから、強がっているようにも見えるよね。

☞ Point
「やい、木ぃ」の場面を中心に考
えます。昼と夜との豆太を分け
て板書して、対比的に「行動」や
（性格）が異なることを捉えられ
るようにしましょう。

**今、夜のことが出ましたが、夜の豆太はどんな性格
でしょうか？**

C じさまにしょんべんをさせてもらっているから、昼の豆太とは
は全然違う。臆病な性格になっている。

C すごく弱虫になっている。夜の豆太は気が弱いね。

C 豆太は、夜のモチモチの木を本当に怖がっているよ。

☞ Point
夜の豆太は、「やい、木ぃ」だけ
でなく「おくびょう豆太」の場面
の様子も含めて考えてもよいで
しょう。

**夜のモチモチの木は、どのように表現されているで
しょうか？**

C 「やい、木ぃ」の場面では、「木がおこって、両手で、『お化
けぇ。』って、上からおどかすんだ。」と書いてある。

☞ Point
（擬人法）に立ち止まるための発
問です。モチモチの木は生きて
いると誤読しないように、あくま
で豆太にどのように見えている
のかを読み取ることが大切です。

**モチモチの木が、本当に「お化けぇ。」とおどかす
のでしょうか？**

C これは、豆太にはそう見えるということ。豆太には、木が怒っ

ているように見えるんだ。

C 「両手で」は、モチモチの木の枝のことだよ。枝いっぱいに広がって、自分に向かってくるような感じが恐ろしそう。

C モチモチの木が、人間みたいに表現されている。

 このように人間ではないものを、人間のように表現する方法を「擬人法」と言います。「おくびょう豆太」の場面にも出てきましたね。

☞Point
動作化を入れて、豆太から見た夜のモチモチの木のイメージを想像してもよいでしょう。

C 「空いっぱいのかみの毛をバサバサとふるって、両手を『わあっ。』とあげるから」と表現されている。

C これも、豆太から見た夜のモチモチの木のイメージだ。

C 「空いっぱいのかみの毛」は、モチモチの木の枝の恐ろしさが感じられる。

C しかも、辺りは夜だから真っ暗だ。豆太にとって、モチモチの木は不気味に見えるんだ。

C だから、夜と昼では豆太の性格が違って見えるんだね。

C 1人の子でも、いろんな性格があるんだね。

 「擬人法」に立ち止まると、イメージをふくらませて読むことができますね。他の場面にも「擬人法」は使われているので、ぜひ探してみてください。

☞Point
「豆太は見た」にも 擬人法 が使われています。自分から本文の言葉に戻ることができるように声をかけましょう。

6 今後の教材につながるスイッチ

スイッチ	つながる教材
語り手	「たずねびと」（5年）→「やなせたかし」（5年）
擬人法	「スワンレイクのほとりで」（4年）
性格	「白いぼうし」（4年）→「ごんぎつね」（4年）
行動と表情	「白いぼうし」（4年）→「一つの花」（4年）など
気持ち	「白いぼうし」（4年）→「一つの花」（4年）など
体言止め・倒置法	「スワンレイクのほとりで」（4年）
文の長さ	「大造じいさんとガン」（5年）
作者（訳者）と出典	「白いぼうし」（4年）→「ごんぎつね」（4年）など

「白いぼうし」

4年

❶ 単元の目標

　　松井さんの行動や気持ちなどについて叙述をもとに捉え、不思議だと思ったことをまとめ、伝え合うことができる。

❷ 本単元で働かせるスイッチ

［ ◎習得スイッチ ］

色ことば

［ ○活用スイッチ ］

行動と表情　題名　性格　気持ち

鼻ことば・肌ことば　作者（訳者と出典）

［ ・定着スイッチ ］ 場面と出来事　比喩（たとえ）

❸ 教材の特徴とスイッチ

　　「白いぼうし」は、「車のいろは空のいろ」というシリーズ作品の物語です。作者 あまんきみこさんは、「ちいちゃんのかげおくり」についで2度目の登場です。この物語を読み終えると、清々しく、さわやかな気持ちになってきます。そのような読後感に浸れる理由を、教材の特徴とスイッチをもとに探ってみましょう。

▶ 豊かな「鼻ことば」と「色ことば」

　　まず、なんといっても「夏みかん」の香りが見事に描かれていることです。「これは、レモンのにおいですか。」冒頭の台詞から、甘酸っぱい香りが漂ってきます。この 鼻ことば は、3年「春風をたどって」で身に付けたスイッチです。瑞々しい夏みかんの香りが漂うのも、「もぎたて」「速達」「一番大きい」といった言葉から想像できそうです。そこからは、おふくろの松井さんへの愛情、田舎やおふくろを懐かしむ松井さんの気持ちが感じられます。

> 車の中には、まだかすかに、夏みかんのにおいがのこっています。

　　最後の一文も素敵ですね。読者は夏みかんの微かな香りを感じながら、物語の余

128

韻に浸ることでしょう。これも（鼻ことば）ならではの味わいです。

　次に、色彩が巧みに表現されていることです。題名「白いぼうし」だけでなく、「水色の新しい虫とりあみ」「白いワイシャツ」「緑がゆれるやなぎの下に」といった多くの色が、物語中で使われています。夏みかんは「まるで、あたたかい日の光をそのままそめつけたような、見事な色でした。」と、比喩を用いて表現されています。この（色ことば）が、物語のさわやかなイメージを形成しています。

　もしも「白いぼうし」が「黒いぼうし」だったらどうでしょう。物語の魅力が損なわれてしまうと思いませんか。私たちは、色に対して特定のイメージや感情を抱いています。悲しみには「青」、情熱には「赤」、絶望には「黒」というように。だからこそ、（色ことば）によって物語の印象が決まり、登場人物の気持ちを表すことができるのです。これが本単元で新たに習得させたいスイッチです。

▶「行動と表情」から「性格」「気持ち」につなげる

　登場人物の松井さんも、物語の魅力を引き立てています。なぜ、松井さんは一番大きい夏みかんをタクシーに乗せたのでしょう。タクシーに夏みかんを乗せる運転手さんなんていないですよね。さらに松井さんは、その大切な夏みかんを白いぼうしの中に入れてしまいます。これらの松井さんの（行動）から、優しさや思いやり、そしてちょっぴりユーモアのある（性格）が読み取れます。また、「ため息をついている」「かたをすぼめてつっ立っていた」という（行動）からは、松井さんの（表情）までが浮かんできます。なんだか男の子に申し訳なさそうです。このように、（行動と表情）への着目は、（性格）（気持ち）を読み解くカギとなるのです。

▶「題名」のつけ方のスイッチを入れる

　最後に、多くの子どもが疑問をもつのが題名「白いぼうし」です。なぜなら、子どもにとっては「白いぼうし」よりも「夏みかん」の印象の方が大きいからです。だからこそ、（題名）のもつ意味を考えてみたいものです。松井さんが白いぼうしをつまみ上げたことをきっかけに、この物語は大きく展開します。まさに、白いぼうしはこの物語の「中心的事物」といえるでしょう。それぞれの登場人物にとって、「白いぼうし」はどのようなものなのか考えましょう。

④ 単元計画（全7時間）

時	学習活動	習得／活用スイッチ
1	○教材「白いぼうし」を読み、学習の見通しをもつ。 ・単元の最後に物語を読んで不思議だと思ったことについて考えをまとめ、話し合うことを確認する。	作者（訳者と出典）
2	○場面と登場人物を確認し、この物語の不思議なところを探しながら音読する。	
3・4	○松井さんの行動から、気持ちや性格を読み取る。 ・松井さんが、一番大きい夏みかんをタクシーに乗せた理由を考える。（3時間目） ・それぞれの登場人物にとって「白いぼうし」はどのようなものなのかを考える。（4時間目）	行動と表情 性格 気持ち
5	○題名「白いぼうし」の意味を考える。 ・題名が「夏みかん」だった場合と比べて考える。	題名 鼻ことば 色ことば
6・7	○物語の不思議なところについて考えをまとめ、伝え合う。 ・女の子の正体について考えをまとめる。（6時間目） ・考えたことを伝え合い、学習を振り返る。（7時間目）	

⑤ スイッチを働かせた授業の姿

[3時間目] ― 行動と表情 と 性格 を結び付ける―

学習活動	指導のポイント

なぜ、松井さんは一番大きい夏みかんをタクシーに乗せたのだろう

C　「きのう、いなかのおふくろが、速達で」から、松井さんのうれしい気持ちが分かる。一番大きいのを乗せて田舎にいる気分を味わいたかったんだと思う。

C　「もぎたて」だから新鮮だよ。田舎の懐かしい香りで、松井さん自身も仕事をがんばりたかったんだよ。

C　一番大きいのを乗せるということは、香りもそれだけ強いから、おふくろのことも思い出しているはずだ。

☞ Point
松井さんが一番大きい夏みかんをタクシーに乗せた理由は大きく2つに分けられます。
①自分自身で楽しむ（田舎やおふくろを思い出す）ため
②お客さんのため
「速達」「もぎたて」「一番大きい」をもとに捉えていきます。

つまり、松井さん自身のために乗せたんですね。それ以外の考えもありますか？

C 私は、お客さんのためでもあると思う。「夏がいきなり始まったような暑い日です。」と書いてある。だから、松井さんは、夏みかんのすっぱいにおいで涼しく感じてもらいたかったんだ。

C お客さんとの会話が弾むのにも、夏みかんは役立っている。だって、「しんし」の方から「これは、レモンのにおいですか。」って話しかけてきているから。

C 「しんし」から話しかけてきて、松井さんは「にこにこして」答えているからうれしかったと思う。

このような様子から松井さんはどんな性格といえるでしょうか？

C だれに対しても、優しそう。

C 自分だけでなく人のことも考えられる人だね。

C 普通は夏みかんをタクシーに乗せないから、ユーモアのある人だと思う。

ここから松井さんの性格が読み取れましたね。では、松井さんにとって大切な夏みかんを、どうして白いぼうしの中に入れたのでしょうか？

C 「この子は、どんなにがっかりするだろう。」から、松井さんは男の子の気持ちをすごく考えている。男の子を悲しませたくないから、松井さんは夏みかんを入れたんだと思う。

C 「わざわざここにおいたんだな。」から、松井さんは男の子がもんしろちょうを捕まえたかったことが想像できた。だから、おわびに何か代わりのものはないかと思ったんだ。

C 男の子にとって、もんしろちょうは大切。だから、松井さんも自分の大切な一番大きい夏みかんを入れたんだよ。

どうして、男の子にとって、もんしろちょうが大切だと分かるのでしょうか？

C 「お母ちゃん、本当だよ。本当のちょうちょがいたんだもん。」と書いてあるから、男の子は初めてもんしろちょうを見たと思う。

☞Point
この物語は「しんし」の言葉から始まります。夏みかんのさわやかな香りが、タクシーいっぱいに広がっていることを想像しながら読みたいですね。

☞Point
松井さんが一番大きい夏みかんをタクシーに乗せた理由から、松井さんの 性格 が読み取れます。松井さんの 性格 を多様な言葉で捉えていきましょう。

☞Point
松井さんにとって夏みかんは大切だと読み取りました。そこから、スムーズにこの問いにつなぐことができるでしょう。ここでも松井さんの 行動 や会話に着目し、その理由を考えます。

☞Point
「水色の新しい」「ぐいぐい」「エプロンをつけたまま」の描写を削り、比べて考えてみると、男の子にとってのもんしろちょうの大切さや興奮した様子を感じることが

4年

「白いぼうし」

だから、男の子は「本当」をくり返して言っているんだ。

C　それに、お母さんの手を「<u>ぐいぐい</u>」引っぱっている。お母さんも「<u>エプロンをつけたまま</u>」だから、それだけ男の子が急いでいて、興奮しているのが分かる。

C　男の子にとって、もんしろちょうが大切だと感じたから、松井さんはため息をついたんだね。

　この場面の松井さんの行動からも、松井さんの性格が考えられそうですね。

できるでしょう。

→「虫とりあみをかかえた男の子が、お母さんの手を、引っぱってきます。」

[5時間目] ―（鼻ことば）（色ことば）を関連付けて、（題名）の意味を捉える―

学習活動	指導のポイント

題名が「白いぼうし」の理由を考えよう

　題名が「夏みかん」の方がよいという意見がありました。その理由を発表してください。

C　「夏みかん」は、物語の最初から最後まで出てくる。この物語の中心という感じだから、「夏みかん」がいいなと思った。

C　「<u>これは、レモンのにおいですか。</u>」と、「夏みかん」の話題から始まっている。最後も夏みかんの一文で終わっている。においから始まり、においで終わるから「夏みかん」がいいね。

　におい以外にも、夏みかんの表現で素敵だなと思ったところはありますか？

C　私は色に注目した。「<u>まるで、あたたかい日の光をそのままそめつけたような、見事な色でした。</u>」では、比喩も使って「夏みかん」の色が鮮やかに書かれているのが素敵だよ。

C　この色の後に、においが描かれている。色とにおいで、この物語に「夏みかん」はなくてはならないよ。

　色とにおいに注目したのですね。では、実際の題名が「白いぼうし」なのはどうしてでしょうか？

☞Point
（題名）が「夏みかん」の方がふさわしいという子がいるはずです。夏みかんのにおいに着目することで、最後の一文の描写も味わえます。（鼻ことば）を入れることで、余韻の残る文章の終わり方になっていることに気付けるようにしましょう。

☞Point
「白」という（色ことば）が複数回使われていることに、子どもは気付くでしょう。他にどのような

C 色に注目すると、「白いぼうし」には「白」がたくさん使われている。白はさわやかな感じだから題名にぴったり。

もし「白いぼうし」が「黒いぼうし」だったら、どんな感じがするでしょうか?

C 黒だと怖くなってしまう。物語のさわやかな感じがなくなる。

C 暗い感じの物語だと思ってしまうよね。

「白」のイメージが大切ですね。でも、それだと題名が「白いちょう」でもよさそうですが…。

C 松井さんが「白いぼうし」をつまみ上げてから、不思議なことが起こったから、「白いぼうし」を題名にしたんだ。

C ということは、「白いぼうし」が、不思議な世界へのスイッチになっているんだ。

C たしかに「白いぼうし」がなければ、たけおくんはもんしろちょうも捕まえられないし、松井さんは女の子にも会えていない。「よかったね。」「よかったよ。」の声も、松井さんは聞くことができなかったはずだ。

C つまり、「白いぼうし」は、不思議な世界への出発点だね。

これからの物語でも題名に立ち止まり、何を表しているかを考えられるといいですね。

（ 色ことば ）が使われているかを探し、物語のイメージと結び付けて考えてもよいでしょう。

☞ **Point**
あえて「黒」という真逆の（ 色ことば ）に置き換えて、比べて考えることが効果的です。

☞ **Point**
白いぼうしは、この物語の「中心的事物」です。松井さんが、白いぼうしをつまみ上げたことがきっかけとなり、この不思議な物語が起こったことを捉えられるようにしましょう。

☞ **Point**
次の物語である「一つの花」の学習でも（ 題名 ）について考えるため、それを意識できるように投げかけて終わります。

❻ 今後の教材につながるスイッチ

スイッチ	つながる教材
（ 色ことば ）	「ごんぎつね」（4年）→「スワンレイクのほとりで」（4年）など
（ 鼻ことば・肌ことば ）	「やまなし」（6年）
（ 題名 ）	「一つの花」（4年）→「銀色の裏地」（5年）など
（ 行動と表情 ）	「一つの花」（4年）→「ごんぎつね」（4年）など
（ 気持ち ）	「一つの花」（4年）→「ごんぎつね」（4年）など
（ 性格 ）	「ごんぎつね」（4年）
（ 作者（訳者と出典） ）	「ごんぎつね」（4年）→「大造じいさんとガン」（5年）など

① 単元の目標

　場面の移り変わりと結び付けて「一つの花」の題名の意味を考え、心に残ったことを伝え合うことができる。

② 本単元で働かせるスイッチ

[○活用スイッチ]

題名　　時と場　　行動と表情

気持ち　　対比ことば　　カギことば

[・定着スイッチ]　　場面と出来事　　境遇や状況

③ 教材の特徴とスイッチ

　「一つの花」は、昭和52度版から掲載されている物語文です。これまで子どもたちは、自分と等身大の人物の気持ちや行動を読み取ってきました。しかし、この物語では、はるかに年齢が上のお父さんやお母さんの思いを想像しなければなりません。しかも時代は戦時中です。そこに「一つの花」は難教材だと言われる理由があります。だからこそ、これまでに習得したスイッチを活用して読むことが大切です。

▶「対比言葉」に着目し、場面と場面を比べて考える

　「一つの花」の最初と最後の場面を比べてみます。表現されている　対比ことば　に立ち止まると、場面や登場人物の変化を捉えることができます。ここでは、食べ物の対比を見てみましょう。

> 　そのころは、おまんじゅう<u>だの</u>、キャラメル<u>だの</u>、チョコレート<u>だの</u>、そんな物はどこへ行ってもありませんでした。

　食べる物が十分にない戦争中。「だの」と言う表現が、それを強調しています。ゆみ子が「一つだけちょうだい。」を最初に覚えてしまう理由も、そこから読み取

134

ることができるでしょう。

> 「母さん、お肉とお魚とどっちがいいの。」と、ゆみ子の高い声が、コスモスの中から
> 聞こえてきました。

　それが十年後。食べ物を選択することができ、平和になった町の様子が読み取れ
ます。さらに、ゆみ子の言葉からは、コスモスの花に包まれて、健やかに成長した
様子を想像することができます。ゆみ子が「一つだけちょうだい。」と言うことは、
もうないのでしょうね。

　このように、(対比ことば)に着目することは、場面と場面を比べて読むことにつ
ながります。それは物語を「点」ではなく「線」で捉えることであり、登場人物の
気持ちの変化、さらには高学年で習得するスイッチである物語の全体像を想像する
ことにも結び付きます。

▶「大きな時と場」「小さな時と場」に着目する

　「一つの花」には、物語を包み込む(大きな時と場)と物語内で変化する(小さな時と場)
が存在しています。

　まず、(大きな時と場)です。これは「まだ戦争のはげしかったころ」という時代
設定にあります。食べる物も十分ではなく、ゆみ子が「一つだけちょうだい。」を
最初に覚えざるをえない異常な状況が浮かび上がってきます。

　次に、(小さな時と場)です。お父さんが、コスモスの花を見つける一文です。

> お父さんは、プラットホームのはしっぽの、ごみすて場のような所に、わすれられた
> ようにさいていたコスモスの花を見つけたのです。

　このとき、お父さんとコスモスの花はどれだけの距離があったのでしょうか。こ
の文よりも前にお父さんたちがいる場所は、「プラットホームのはしの方」と書いて
あります。お父さんとコスモスの花の距離は、実は近いことが分かります。誰から
も存在を認めてもらうことのない寂しそうなコスモス。「プラットホームのはし」
という共通する場に着目することで、コスモスの花とお父さんたち家族の境遇を重
ねて読むことができるのです。

④ 単元計画（全7時間）

時	学習活動	習得／活用スイッチ
1	○教材「一つの花」を読み、学習の見通しをもつ。 ・登場人物、時代、季節、場所などを捉える。	時と場
2・3	○ゆみ子の境遇とお母さんとお父さんのゆみ子に対する気持ちを読み取る。 ・ゆみ子が「一つだけちょうだい。」という言葉を最初に覚えた理由を考える。（2時間目） ・お父さんが、ゆみ子をめちゃくちゃに高い高いをする気持ちを想像する。（3時間目）	行動 気持ち カギことば
4	○お父さんが、ゆみ子にコスモスの花を渡した理由を考える。 ・コスモスの花が「わすれられたように咲いていた」と表現されている理由を読み取る。	時と場 気持ち
5	○戦争中と十年後の場面を比べ、ゆみ子の変化を捉える。 ・十年後のゆみ子は幸せなのかを考える。	対比ことば 行動
6	○題名「一つの花」の意味を考える。 ・「一つの花」に副題を付け、題名の意味を話し合う。	題名
7	○「一つの花」を読んで心に残ったことをまとめ、伝え合う。 ・考えたことを伝え合い、学習を振り返る。	

⑤ スイッチを働かせた授業の姿

［4時間目］ ― 時と場 に着目し、お父さんの 気持ち に結び付けて読む―

学習活動	指導のポイント

どうして、コスモスの花は「わすれられたように咲いていた」と表現されているのだろう

C 戦争中だから、花を見てきれいだなと思う心の余裕なんてないんだよ。

C 毎日、敵の飛行機が飛んできている。みんなコスモスの花どころではなかったんだ。

C それに「プラットホームのはしっぽ」は目立っていないところだから、そのコスモスの花は誰にも気付かれずひっそりと咲い

ていたんだと思う。

では、どうして、お父さんはそのコスモスの花を見つけることができたのでしょうか？

C　暗い世の中でもお父さんは、コスモスの花の美しさに気付ける人だったからだよ。

C　ゆみ子が泣き出したから、なんとかゆみ子が泣き止むようにお父さんはまわりを見て何かを探したと思う。

お父さんとコスモスの花に、共通点はあるでしょうか？

C　コスモスの花は、「プラットホームのはしっぽ」に咲いている。お父さんがいる場所も「プラットホームのはしの方」だ。

C　ということは、お父さんとコスモスの花の距離は近かったんだ。

C　そう考えると、お父さんたちとコスモスの花は、似ているように感じる。お父さんは、家族以外に見送りがなかったよ。

C　だから、お父さんはコスモスと自分たち家族が似ているように見えたと思う。

C　そのコスモスの花をゆみ子に渡したから、コスモスの花とゆみ子を重ねてみたのかもしれないね。

それでは、どうしてお父さんは何も言わずに汽車に乗って行ってしまったのでしょうか？

C　お父さんは、ゆみ子が喜んでいるのを見て安心したんだ。

C　今までのゆみ子は食べ物をほしがっていた。そして、「一つだけ」と言うゆみ子の将来を心配していた。でも、コスモスの花の美しさに気付いたゆみ子を見てホッとしたんだ。

C　2場面で「いったい、大きくなって、どんな子に育つだろう。」とお父さんは不安だった。でも、最後のゆみ子を見て、将来に希望がもてたんだと思う。

C　お父さんは、「一つの花を見つめながら−」と書いてある。「見ながら」ではないから、そのコスモスの花に思いをこめている感じがする。

☞Point
コスモスの花は誰にも気付かれずに咲いていました。それでもお父さんが気付いたことを「プラットホームのはし」という 小さな場 に目を向けます。そして、お父さんたち家族とコスモスの花を重ねて考えましょう。

☞Point
ここでは、「お父さんは、どんな 気持ち で一つだけと言って渡したのか」「どうして、お父さんはゆみ子の顔を見つめなかったのか」などの発問が考えられます。子どもの実態に応じて発問を変えましょう。

「見つめながら」と「見ながら」では、どのような違いがあるでしょうか？

C 「見ながら」は気持ちがこもっていない。「見つめながら」は、優しく、温かいお父さんの感じが伝わってくる。

C まるでゆみ子を包んでいる感じだよね。

C お父さんは、コスモスの花に「ゆみ子たち、幸せになって」という願いをこめたんだと思うよ。

☞Point
「見る」「見つめる」という行動描写も比べて考えることができます。「見る」より「見つめる」の方が、お父さんの思いがこめられていることが分かります。行動描写一つでも、人物の 気持ち に迫ることができるのです。

[5時間目] ── 対比ことば 行動 から、ゆみ子の成長や時代の移り変わりを捉える──

学習活動	指導のポイント

十年後のゆみ子は幸せなのだろうか

まず、「幸せではない」という意見から発表してください。

C 「ゆみ子は、お父さんの顔をおぼえていません。」と書いてある。お父さんは、あれだけゆみ子のことを考えていたのに、お父さんの顔も覚えていないからかわいそうだなと思う。

C それに、「自分にお父さんがあったことも、あるいは知らないのかもしれません。」だと、お父さんとの思い出もなくなったということだから、幸せとはいえないと思う。

☞Point
「幸せ」「幸せでない」それぞれの考えを自由に話し合わせるのもよいでしょう。どちらにするかは、子どもの実態に応じて決めてください。

それに対して、ゆみ子は幸せだという意見はありますか？

C 「自分にお父さんがあったことも、あるいは知らないのかもしれません。」のあとに、「でも」と書いてある。マイナスのあとにプラスのことが書いてあるから、ゆみ子は幸せだと思う。

C 「コスモスの花でいっぱいに包まれています。」と書いてある。これは、お父さんの渡した一つの花がつながったんだ。コスモスの花がいっぱいだから、ゆみ子は幸せ。

☞Point
「でも（しかし）」の使用法を考えることが大切です。「でも」を使うと、後続の文が強調されることを子どもが感じ取れるようにしましょう。

「包まれている」という言葉から、どのような感じがしますか？

☞Point
「いっぱいに包まれています。」と「いっぱいです。」を比べて考える

C　お父さんがゆみ子たちを温かく見守っている感じがする。

C　「包まれています。」は、優しい感じがする。お父さんがゆみ子を抱きしめているように思えるから、ゆみ子たちは幸せだ。

C　たった一輪のコスモスが、十年後にはいっぱいになっている。お父さんの願いや思いが叶ったんだよ。

 一つの花がいっぱいになりました。他にも戦争中と十年後を比べて変わったことはありますか？

C　十年後は、「母さん、お肉とお魚とどっちがいいの。」とゆみ子が言っている。でも、戦争中は「一つだけちょうだい。」しか言わなかった。ここからも、ゆみ子の成長した姿が分かるよ。

C　戦争中は、「おまんじゅうだの、キャラメルだの」はなかった。「おいもや豆やかぼちゃしかありませんでした。」と書いてある。だけど、十年後はお肉とお魚を選べるようになっている。

C　「今日は日曜日」は、休みがあって平和だということ。戦争中は「毎日、てきの飛行機が飛んできて」だから、休日も何もなかったと思うから、そこも違う。

C　ということは、戦争をしていた時代から平和になったことが分かる。だから、今のゆみ子は幸せだと思う。

C　それに、ゆみ子は「スキップをしながら」から、お昼を作るのがうれしくて仕方がないというような気持ちが伝わってくる。

 場面と場面を比べると、ゆみ子の成長や平和になった様子が想像できますね。

のもよいでしょう。「包む」という言葉のもつ温かさや優しさを感じ取れるようにします。

☞ Point

 のスイッチを働かせるところです。子どもたちが教科書をめくり、比べながら捉えられるようにします。場面と場面を比べることは、物語を「点」ではなく「線」で読むことにつながります。

6　今後の教材につながるスイッチ

スイッチ	つながる教材
対比ことば	「友情のかべ新聞」（4年）→「銀色の裏地」（5年）など
題名	「銀色の裏地」（5年）→「やまなし」（6年）など
時と場	「ごんぎつね」（4年）→「友情のかべ新聞」（4年）など
行動と表情	「ごんぎつね」（4年）→「友情のかべ新聞」（4年）など
気持ち	「ごんぎつね」（4年）→「友情のかべ新聞」（4年）など
カギことば	「銀色の裏地」（5年）→「たずねびと」（5年）など

「ごんぎつね」

4年

① **単元の目標**

　　ごんと兵十の気持ちの変化や情景について、場面の移り変わりと結び付けて具体的に想像し、物語の結末について自分の考えをまとめることができる。

② **本単元で働かせるスイッチ**

[◎習得スイッチ]

（情景）

[○活用スイッチ]

（行動と表情）　（気持ち）

（色ことば）　（境遇や状況）　（性格）

（作者（訳者）と出典）

[・定着スイッチ]　（時と場）　（挿絵）　（オノマトペ）　（複合語・語調）

③ **教材の特徴とスイッチ**

　　「ごんぎつね」は、1931年（昭和6年）に（作者）である新美南吉がわずか18歳で書き上げた物語であり、すべての教科書に掲載されています。子どもたちは「ごん」に寄り添いながら、兵十と心が通じ合うことを願って物語を読み進めるでしょう。しかし、衝撃の結末。子どもたちは、どのような感情を抱くのでしょうか。南吉の紡ぎ出す言葉に立ち止まり、じっくりと吟味しながら読んでいきたいですね。

▶ **登場人物の「気持ち」を表す風景、それが「情景」**

　　子どもたちは、これまでに登場人物の気持ちやその変化を捉えてきました。人物の（気持ち）を想像する際に働かせたスイッチは、主に（行動と表情）でした。今回、新たに習得するスイッチが（情景）です。「学習に用いる言葉」には、（情景）とは「物語や詩で、登場人物の気持ちとひびき合うようにえがかれた、風景や場面の様子。」と説明されています。

　　では、「ごんぎつね」に出てくる情景描写を見ていきましょう。

> 空はからっと晴れていて、もずの声がキンキンひびいていました。

140

雨が降り続いて、暗い穴の中でじっとしていたごん。そのごんの心の解放感を表した一文です。「からっと」からは、ごんの喜びや爽快感も伝わってきます。

> 人々が通ったあとには、ひがん花がふみ折られていました。

葉列が墓地に入ってくる描写です。教科書には、赤いひがん花が鮮やかに描かれています。ひがん花がふみ折られていることから、葉列者、とりわけ兵十の（気持ち）と結び付けることができそうです。兵十がおっかあを失くし、ひがん花のように心が折れていることを表す重要な描写となっています。

> 青いけむりが、まだつつ口から細く出ていました。

「ごんぎつね」の最後の一文は最も印象的です。読者の心に迫り、余韻を残して物語は閉じられます。物語内で起こった悲劇が現実であることを、青いけむりが無情にも表しています。取り返しのつかないことをしてしまった兵十の喪失感と絶望感。それをイメージしているのが「青」という色彩です。このように、（情景）には、色彩―（色ことば）を含むものが少なくありません。「青」という色が兵十の（気持ち）を読者に伝え、胸に迫るものとして表現されているのです。

▶「境遇や状況」は、人物の「行動」や「性格」に結び付く

ごんは「ひとりぼっちの小ぎつね」とあるように、寂しそうな印象を読者に与えます。ごんがいたずらばかりする要因に、この「ひとりぼっち」という（境遇や状況）を結び付けることができそうです。しかし、ごんにとっては軽い気持ちのいたずらでも、村人にとってはどうでしょう。畑のいもを掘り散らされたり、とんがらしをむしり取られたり、たまったものではありません。村人の怒りと憎しみが、ごんに向けられていることを押さえる必要があるでしょう。

そのようなごんも、兵十に行ったいたずらは後悔します。「おれと同じ、ひとりぼっちの兵十か。」と、自分自身の（境遇や状況）と重ねることにより、ごんは兵十の寂しさや孤独感に共感します。だからこそ、ごんは「つぐない」という（行動）をとり、やがては兵十との心の結び付きを求めるまでになるのでしょう。（境遇や状況）は、人物の（行動）や（性格）に結び付くのです。

❹ 単元計画（全12時間）

時	学習活動	習得／活用スイッチ
1・2	○教材「ごんぎつね」を読み、学習の見通しをもつ。 ・初発の感想を書く。（1時間目） ・初発の感想を交流し、学習計画を立てる。（2時間目）	作者（訳者）と出典
3	○ごんの境遇や状況から、いたずらをする理由を考える。 ・ごんが、いたずらばかりする理由を考える。	境遇や状況 情景 行動 性格
4〜9	○ごんの気持ちの変化を行動や情景をもとに捉える。 ・ごんが、兵十へのいたずらを後悔している理由を読み取る。 （4時間目） ・ごんが、兵十につぐないをしようと思った理由を読み取る。 （5時間目） ・兵十の後をつけていく、ごんの気持ちを考える。（6時間目） ・「ふみふみ」には、ごんのどんな気持ちがこめられているか を考える。（7時間目） ・ごんが、次の日も兵十の家に栗を持って行った理由を読み 取る。（8時間目） ・ごんの思いは兵十に届いたのかを考える。（9時間目）	行動 気持ち 色ことば 情景
10〜12	○物語の結末について自分の考えをまとめ、話し合う。 ・物語の結末について感想を書く。（10時間目） ・物語の結末について感想を伝え合う。（11時間目） ・学習を振り返る。（12時間目）	

❺ スイッチを働かせた授業の姿

［3時間目］ ― 境遇や状況 を 行動 や 性格 と結び付け、 情景 を押さえる―

学習活動	指導のポイント
どうして、ごんは、いたずらばかりするのだろう	
C　村人が困っているのを見るのが楽しいんだと思う。 C　それに「ひとりぼっちの小ぎつね」と書いてある。「ひとりぼっ	☞Point 「ひとりぼっち」という 境遇 の 寂しさ、悲しさを捉えます。そ

ち」だから、村人にかまってほしいんじゃないかな。

C 「ひとりぼっち」だから寂しがりやかもね。だから、村に入って
　いたずらをして楽しむしかないんだ。

C ごんは、いたずら好きの小ぎつねだ。

「ひとりぼっち」という言葉と、ごんの行動や性格
とを結び付けて考えることが大切ですね。

C でも、村の人たちにとってはいい迷惑だと思うよ。「夜でも昼で
　も」「いたずらばかり」だから、本当に困っている。

C 「いもをほりちらしたり」で、せっかく育てたいもが台無しに
　なっているから、ごんを憎んでいると思う。

C それに「火を付けたり」もしているよ。火事になったら大変だ
　から、ものすごく怒っていると思う。

そのようなごんも、二、三日雨がふり続いた日はど
んな気持ちだったのでしょうか?

C 穴の中は狭くて暗いし、早く外に出たい気持ちだった。

C いたずらをしたかったと思うよ。ずっと雨で閉じ込められてい
　たら、気持ちも暗くなってしまう。

C だから、雨が上がるとごんはほっとしたんだね。

> 空はからっと晴れていて、もずの声がキンキンひびいてい
> ました。

そこで、この風景を表す一文に注目します。これを
ごんの気持ちと結び付けると、どのようなことが想
像できるでしょうか?

C 「空はからっと晴れて」だから、ごんの気持ちもさわやかで晴れ
　渡っている感じがする。

C 「もずの声がキンキン」響くから、気持ちがいい感じがする。

C 空気が澄んでいるんだと思う。空と同じように、ごんの気持ち
　も晴れ晴れとしている。

C ごんの喜びにあふれる気持ちが伝わってくるよ。

れが、ごんのいたずらをする要
因の1つだと結び付けることがで
きます。

☞ Point
ごんの（行動）や（性格）をふま
えて村人のごんに対する「気持
ち」を考えることが大切です。村
人が一匹のきつねにわざわざ「ご
ん」と名前を付けるほど要注意と
され、憎しみが募っていたからこ
そ、最後の場面で兵十が火縄
銃を取ることにつながるのです。

☞ Point
最初の（情景）は、教師から提
示します。その際に、ごんの「気
持ち」を「うれしい」という一語
に集約しないようにしましょう。
「解放感」「爽快感」「晴れ晴れ」
「喜びにあふれる」など、ごんの
「気持ち」を表す言葉を多様に探
し、語彙の拡充を図ることが大
切です。

このような、人物の気持ちが表れている風景を「情景」と言います。「ごんぎつね」には、他にも「情景」が出てきます。ぜひ探してみましょう。

☞Point
今後は自分自身で（情景）に気付き、人物の気持ちを想像できるように投げかけます。

[9時間目] ―兵十の（気持ち）を（行動）（情景）（色ことば）から想像する―

| 学習活動 | 指導のポイント |

ごんの思いは、兵十に届いたのだろうか

C　ぼくは、届いたと思う。最初は「あのごんぎつねめが」と、ごんを憎んだように言っている。けれど、最後は「おまいだったのか」と呼んでいる。ごんの思いを兵十は知ったんだ。

C　うなぎを盗まれたときは、「ぬすっとぎつねめ」と「め」がついている。「ごんぎつねめ」でも「め」がある。これは、怒りや憎しみがこもった「め」だと思う。でも、最後は「おまい」と呼んでいる。思いが届いたから、呼び方が変わったんだと思う。

☞Point
兵十の話し言葉、とりわけごんの呼び方（呼称）の変化に着目してみましょう。「ぬすっとぎつねめ」→「ごんぎつねめ」→「おまい」となっていることから、兵十の（気持ち）の変化を考えられるようにしたいですね。

兵十の、ごんの呼び方の変化を見ていくと、兵十の気持ちの変化が分かりますね。

C　あと、「兵十は、火縄じゅうをばたりと取り落としました。」とあるから、自分のやったことにぼう然としている感じがする。

C　「落としました」ではなく「取り落としました。」と複合語で書かれているよね。

「落としました。」ではなく「取り落としました。」から、兵十のどんな感じが伝わりますか？

C　「取り落としました。」は、全身から力が抜けた感じがするよね。

C　無意識のうちに火縄銃を取り落としたんだと思う。

C　自分がとんでもないことをしてしまったという後悔の気持ちが表れている。頭が真っ白になっていると思う。

C　それに「ばたり」という感じが重いよね。兵十の心の重さも表しているようだ。

C　最後の一文も「情景」だから、兵十の気持ちを表している。

☞Point
この一文は兵十の（行動）にあたります。（行動）から（気持ち）を捉えることができますが、「ばたり」という「オノマトペ」、「取り落とす」という「複合語」に焦点を当てると、兵十の（気持ち）を深く捉えることができるでしょう。

> 青いけむりが、まだつつ口から細く出ていました。

 最後の一文から、兵十のどのような気持ちが伝わってくるでしょうか？

C　取り返しのつかないことをしてしまったと、この事実を信じたくない。時間が止まったように感じていると思う。

C　つつ口から細く出るけむりは、兵十のか細い気持ちを表しているようだ。

C　兵十は自分のしてしまったことに絶望している。兵十は青ざめているんじゃないかな。

C　取り戻したいけど、取り戻せない現実を表している。それを青いけむりが表現しているよね。

☞ Point
この 情景 は、兵十かごんのどちらの 気持ち を表しているのかを問う展開も可能です。子どもの実態に応じて考えてみてください。

 「白いぼうし」でも「色」に注目しました。「青いけむり」の「青」から、どのような印象を受けるでしょうか？

C　この「青」は悲しみを表している。儚い感じがする。

C　ごんの命も消えかかっているような色だよね。

C　だから、私たち読者も悲しくなる。ずっと心に残る感じがして、だんだん切なくなってくるよ。

☞ Point
子どもから「青」という 色ことば に着目するのが理想です。そうでない場合は、教師が投げかけて色に焦点化できるようにしましょう。

❻　今後の教材につながるスイッチ

スイッチ	つながる教材
情景	「スワンレイクのほとりで」（4年）→「銀色の裏地」（5年）など
行動と表情	「友情のかべ新聞」（4年）→「スワンレイクのほとりで」（4年）など
気持ち	「友情のかべ新聞」（4年）→「スワンレイクのほとりで」（4年）
色ことば	「スワンレイクのほとりで」（4年）→「大造じいさんとガン」（5年）など
作者（訳者と出典）	「大造じいさんとガン」（5年）→「やまなし」（6年）など
境遇や状況	「海の命」（6年）

① 単元の目標

東君と西君の関係の変化を場面の移り変わりと結び付けて具体的に想像し、この物語のおもしろさについて伝え合うことができる。

② 本単元で働かせるスイッチ

[◎習得スイッチ]

人称視点

[○活用スイッチ]

登場人物　文種
行動と表情　気持ち

[・定着スイッチ]　時と場　対比ことば

③ 教材の特徴とスイッチ

令和6年度版より新たに掲載された「友情のかべ新聞」は、作家のはやみねかおるさんによる書き下ろし作品です。ミステリー小説を手がけるはやみねさんだけに、読者が謎解きを楽しめるような言葉のしかけが随所に散りばめられています。このように、謎が生まれ、解き明かされる物語の 文種 を「ミステリー」といいます。子どもたちの「なぜだろう？」「どうしてだろう？」という問いを大切にしながら、論理的に思考して謎を解明できるようにしていきたいですね。

▶「人称視点」を意識して読むこと

ここでは、物語を語る視点について考えます。これまでの教科書教材の多くは、第三者が物語を語っていました。これを「三人称視点」といいます。

しかし、「友情のかべ新聞」では、登場人物である「ぼく」が物語を語っています。このような形式を「一人称視点」といいます。1年生の「ずうっと、ずっと、大すきだよ」も、「ぼく」がエルフとの思い出を語る一人称視点の物語文でした。

では、一人称視点の特徴を考えてみましょう。この視点では、語り手である「ぼく」が考えたことや感じたことが直接的に表現されています。そのため、読者は

「ぼく」と同化して、物語を一緒に進めているような感覚を味わえます。しかし、一人称視点では、自分以外の他者の心の中を正確に描写することはできません。描けるのは、あくまで「ぼく」の視点から見た相手の様子や景色に過ぎないのです。ですから、語り手の推測した相手の気持ちが、実際には異なることもあり得ます。

「友情のかべ新聞」では、東君と西君の特徴や行動描写などを手掛かりにして、「ぼく」は推理力を発揮します。この一人称視点が物語を楽しむカギとなり、読者は「ぼく」とともに謎解きに挑むことになるのです。

▶ 対比的に描かれる「登場人物」と「行動」、これを押さえるのが謎解きのカギ

物語の謎解きを楽しむために、まず（登場人物）である東君と西君の特徴を押さえましょう。名前から分かるように、すべてが対比的に描かれています。

	東君	西君
好きなもの	サッカー	読書
好きな教科	算数	国語
好きな動物	ねこ	犬
好きな色	青	赤

二人が作ったかべ新聞も、それぞれの好きなものが右側と左側の半分に分けて書かれています。そこから、「ぼく」は、二人は「協力して書いていない」という推理を導きます。

また、この物語では「曜日」に着目すると、二人の関係性の変化を捉えることができるでしょう。二人がかべ新聞を作ったのは、月曜日の放課後でした。あれだけ仲の悪かった二人ですが、翌日の火曜日には西君の好きな読書を、昼休みには東君の好きなサッカーを一緒に行っています。しかし、なぜか二人は給食のプリンを取りにも行きませんでした。水曜日のかかわり方にも不自然な点が見られます。ところが、木曜日と金曜日には、相手を認めたり、自分の好きなものを共有したりしています。

これらの（行動）から、二人の関係がどのように変化したのかを「ぼく」の推理に基づいて考えることができそうです。これまでに習得したスイッチを活用して、作者の仕掛けた謎を解明していきましょう。

④ 単元計画（全8時間）

時	学習活動	習得／活用スイッチ
1・2	○教材「友情のかべ新聞」を読み、学習の見通しをもつ。 ・教材文を読み、初発の感想を書く。（1時間目） ・初発の感想を交流し、学習計画を立てる。（2時間目）	
3	○東君と西君の特徴や行動、人称視点について確かめる。	人称視点 登場人物
4	○東君と西君の関係性の変化を考える。 ・東君と西君の関係は、本当によくなったのかを考える。	行動と表情 気持ち
5	○「ぼく」の推理の妥当性について考える。 ・「ぼく」の推理に納得できるかどうかを話し合う。	行動と表情 文種
6・8	○この物語のおもしろさについてまとめ、話し合う。 ・着目した謎と証拠となる叙述を結び付けて、この物語のおもしろさをノートにまとめる。（6時間目） ・書いたことをもとに、物語のおもしろさを話し合う。（7時間目） ・学習を振り返る。（8時間目）	文種

⑤ スイッチを働かせた授業の姿

［4時間目］ ― 行動と表情 から推理し、東君と西君の 気持ち や関係の変化を捉える ―

学習活動	指導のポイント
東君と西君の関係は、本当によくなったのだろうか	

C よくなったと思う。最初は「相手のせいにばかりして、少しも反省していないな。」と先生に言われていた。でも、金曜日にはお互いに自分が悪かったと言っている。一緒に過ごすうちに関係がよくなったと思う。

C 先生は、二人の様子を見て「先生の作戦は、大成功だな。」と言っている。クラスのみんなもうなずいているから、二人の関係はよくなったはずだ。

C セロハンテープで直したかべ新聞に、青と赤の二重のふち取り

☞ **Point**
「よくなった」「よくなっていない」と二項対立的な問いですが、全員が「よくなった」と考えても問題はありません。このように問うことで、複数の叙述を根拠にしながら、自分の考えを形成していくことがねらいです。

がしてある。ここも東君と西君の好きな色を一緒に使っているから関係はよくなったよね。

C あと、「金曜日に相談して、あやまりに行こうって決めたんだ。」と二人は言っている。今まではそれぞれの意見に反対していたのに、自分たちで決めることができている。

C 二人とも「ぼく」が分かったことを伝えると「ほっとした顔」になった。その表情からも、二人は分かり合えたんだと思う。

 かべ新聞を作ったのは月曜日の放課後でした。では、2人の関係がよくなったのは、何曜日からでしょうか?

C 次の日の火曜日には、よくなったと思う。だって、西君の好きな本を一緒に読み、東君の好きなサッカーを一緒にやっていたから。

C でも、給食のプリンを取りにいかなかったのは何かおかしいよね。まだ、関係がよくなったとはいえないよ。

C 2人の関係がよくなったのは、木曜日からだと思う。東君は自分の好きなサッカーで、西君を認めている。これは、関係性がよくなった証拠だ。

C 私は関係がよくなったのは、金曜日だと思う。西君が好きな本を東君に貸している。西君は、この本の内容で東君と会話がしたいんだと思う。

C 金曜日には、そのあと「顔をよせて」話し合っているよね。仲がよくなければ顔を寄せないから、金曜日からだと思う。

C 「金曜日に相談して、あやまりに行こうって決めたんだ。」と書いてあるから、このときの「顔をよせて」は、その相談だったと考えられるね。2人とも罪悪感があったんだね。

C 大きなきっかけは木曜日だ。金曜日には、もう仲よしの感じがするから。

C だったら、水曜日の2人の関係が気になるんだけど…。

 では、水曜日の二人の関係は、どのように捉えればよいのでしょうか?

C 「ぼく」が推理しているように、先生に告げ口されるのが怖かったんだ。だから、2人は一緒にいようとしたんだと思う。

C 「職員室」「先生の方」がキーワードになっている。先生に告げ口

Point
お互いの（行動）や会話の裏にある（気持ち）を読み取ります。それは、「ぼく」の推理の裏付けとなります。

4年
「友情のかべ新聞」

Point
「顔をよせて」という（行動）から仲のよさとともに、小声で話す様子、つまり謝りに行く相談をしていることが読み取れます。叙述と叙述を結び付けて考えることで、物語の謎を解き明かすことができるでしょう。

Point
2人の関係性の変化は木、金曜日からだと読み取れます。水曜日の2人の（行動）には、不自然な点があります。「職員室」「先生の方」から導き出される2人の

149

をされやしないかと心配していたんだ。

C 「ぼく」が「おたがいから目をはなせなくなり」と推理している
ように、二人は一緒にいるようになっていたんだね。

C だから、水曜日は東君も西君も、相手を信用していないことが
分かる。このときは、まだ関係がよくなったといえないよね。

（気持ち）を、「ぼく」の推理とと
もに考えましょう。

人物の行動や表情に着目すると、それぞれの気持ち
や関係の変化が見えてきますね。

[5時間目] ── 東君と西君の（行動と表情）をもとに「ぼく」の推理の妥当性を考え、（文種）を
捉える──

学習活動	指導のポイント

「ぼく」の推理に納得できる？　納得できない？

「ぼく」は、どのようなことを手がかりに推理をし
たのでしょう。それに対して、みなさんが納得でき
るかどうか話し合いましょう。

C 「ぼく」の推理に納得する。緑のシートに青のインクが付いたの
は、二人がもめたからだと思う。でも、急いでかべ新聞を貼っ
たから青いインクがはみ出してしまった。

C 二人ともお互いを最初は信用できなかった。それは、水曜日の
行動に結び付く。「おたがいから目をはなせなくなり」という
「ぼく」の推理は正しいよ。

C 「後ろめたさでしょくよくがなくなり」という「ぼく」の推理は
納得できる。自分も、心配なことがあって食欲がなくなったこ
とがある。だから、二人は、次の日にプリンを取りに行かなかっ
たんだ。

☞Point
この学習課題に対して、子ども
は基本的には「納得する」という
方向で考えることが予想されま
す。東君と西君の（行動）の不自
然さに目をむけ、その裏側にあ
る気持ちを考えるようにしましょ
う。

みなさんも、そのような経験はありますか？

C 私も気になることや心配なことがあると、表情にも出るし、あ
まり食べたくなくなってしまう。

C 油性ペンを触りたくない気持ちも分かるよね。

☞Point
自分の経験と結び付けて考える
ことが大切です。子どもにも、
そのような経験があるかどうか
を問いながら、「ぼく」の推理の
妥当性を確かめましょう。

C 二人が油性ペンを触らなかったのも、これで納得できる。自分たちで汚したものを触ろうとしないのは、行動としてあり得るよね。

C 「最近の二人はしかられ続けている。」というのも、「ぼく」が東君と西君をよく見ているよね。自分もこういう状態だったら叱られたくないから、隠そうとしてしまうよ。

 では、「ぼく」の推理に、納得できないという点はありますか？

C 見回りの先生のところは、実際に見たわけではないから「ぼく」も確信しているわけではないと思う。

C 「ぼく」は、ここだけ「足音が聞こえたりしたらー」と「たり」を使っている。だから、100％の確信があるわけではなく、他の可能性もあると考えていると思う。

 たとえば、どんな可能性がありますか？

C 忘れ物を取りに来た友達の足音が聞こえたのかも。語り手の「ぼく」も、水筒を忘れて放課後に取りに行っているよ。

C 下校のチャイムが鳴ったかもしれない。

C でも、どちらにしろ、二人が焦らなければならない理由があったんだ。だから、新聞のはしからインクが見えてしまった。「ぼく」の推理は当たっていると思う。

 このように謎が解き明かされる物語を「ミステリー」といいます。

☞ Point
「見回りの先生の足音が聞こえたりしたらー。」の「たり」に着目して考えてみます。「ぼく」が、他にも可能性があることを示唆している表現であり、断定していないことが分かるはずです。

☞ Point
最終的には、東君と西君は「あせっていた」「あわてていた」という結論に導きます。その結論は、だからこそ、かべ新聞のはしからインクが見えてしまったことに気付かなかったという「ぼく」の推理につながります。最後に謎が生まれ、それが解き明かされる（ 文種 ）を「ミステリー」ということを伝えましょう。

4年

「友情のかべ新聞」

6 今後の教材につながるスイッチ

スイッチ	つながる教材
人称視点	「スワンレイクのほとりで」（4年）→「帰り道」（6年）など
行動と表情	「スワンレイクのほとりで」（4年）→「銀色の裏地」（5年）など
気持ち	「スワンレイクのほとりで」（4年）
文種	「やなせたかし」（5年）

「スワンレイクのほとりで」

4年

❶ 単元の目標

「歌」の気持ちの変化や情景を具体的に想像し、物語の最後に「歌」が書こうとしていることを話し合い、一人一人の考えに違いがあることに気付くことができる。

❷ 本単元で働かせるスイッチ

── [○活用スイッチ] ──

行動と表情　気持ち　体言止め・倒置法

情景　擬人法

[・定着スイッチ]　時と場　人称視点　くり返し　色ことば

❸ 教材の特徴とスイッチ

「スワンレイクのほとりで」は、令和6年度版から新たに掲載された物語です。この物語は、「現在」－「過去」－「現在」という「額縁構造」をとっており、小手鞠るいさんの美しい表現によって、私たち読者をアメリカ東海岸の湖まですっと誘ってくれます。高学年では、内容面だけなく表現面に着目して読むことが、物語の全体像を具体的にイメージすることにつながります。だからこそ、多彩な表現で彩られた「スワンレイクのほとりで」は、高学年への架け橋のような物語だといえるでしょう。ぜひ、一つ一つの言葉を味わいながら読んでみてください。

▶「体言止め・倒置法」で強調し、余韻に浸る

この物語では、 体言止め・倒置法 が効果的に用いられています。まずは 体言止め から見ていきましょう。

> ・見つめていると、まぶたまで青くそまってしまいそうな湖。
> ・今は、遠くはなれた場所でくらしているけれど、わたしたちは、友達。

「スワンレイクのほとり」には 体言止め が多用されています。 体言止め で

表現すると、「湖」「友達」の言葉が強調され、読者の心に印象深く残ります。そこに込められた「歌」の気持ちも、深く感じられますね。また、その文がリズムよく読めることも（体言止め）の効果といえるでしょう。

次に（倒置法）です。このスイッチも多用されているのですが、ここでは最後の一文を取り上げます。

> げんこう用紙のそばから、えんぴつを取り上げると、ぎゅっと、力をこめてにぎった。あの日、グレンの手をにぎったときのように。

（倒置法）を用いることにより、「グレンの手をにぎったときのように」という描写が私たちの胸に迫り、物語に余韻を残します。（倒置法）は、それを使わなかった場合と比べて考えることにより、子どもにそのよさを実感させることができます。子どもが自分の思いや考えを書く際に、これらのスイッチを活用して、意識的に表現できるようにしたいですね。

▶「情景」「擬人法」「比喩（たとえ）」は、「歌」の「気持ち」を描き出す

アメリカでの最後の描写、「歌」がグレンと一緒にスワンレイクを見つめる場面の表現の美しさを味わってみましょう。

> すずしい夏の風がふいてきて、辺りの草をゆらした。さわさわ、さやさや、さわさわ、さやさや、草と風がやさしく話しかけてくる。見つめていると、まぶたまで青くそまってしまいそうな湖に、細かい波が立っていた。まるで、わたしたちといっしょに、笑っているかのように――。

（擬人法）（比喩（たとえ））（情景）のスイッチが散りばめられており、その中にも「色ことば」「オノマトペ」「くり返し」の表現が用いられていることが分かります。

ここで重要な点は、これらは中心人物である「歌」の感じ方そのものだということです。この物語は、「歌」の視点から語る「一人称視点」の形式です。そのため、どうして「歌」がそのように感じたのか、「歌」の（気持ち）を想像する際の重要な描写となっています。物語冒頭で「歌」が心にパッと浮かべたのは、このときにグレンと見た「まぶたまで青くそまってしまいそうな湖」でした。スワンレイクのほとりで見た（情景）が、現在も「歌」のまぶたに強く残っていることが伝わります。

4年
「スワンレイクのほとりで」

❹ 単元計画（全7時間）

時	学習活動	習得／活用スイッチ
1	○教材「スワンレイクのほとりで」を読み、学習の見通しをもつ。 ・物語の最後に「歌」が書こうとしていることを考え、伝え合うことを確認する。	
2	○物語の設定と登場人物の気持ちを考える。 ・「現在」－「過去」－「現在」という構成や、「歌」による一人称視点で書かれていることを押さえる。	行動 気持ち
3	○「歌」の気持ちの変化を考え、話し合う。 ・アメリカでのどのような経験が、「歌」の気持ちを変えたのかを考える。	気持ち 体言止め・倒置法 情景
4	○この物語の印象に残ったところを伝え合う。 ・自分が最も印象に残ったところを伝え合い、表現の効果を考える。	情景 擬人法 体言止め・倒置法
5〜7	○最後に「歌」が書こうとしていることを考え、伝え合う。 ・「歌」の書こうとしていることは何かを考え、理由とともにノートにまとめる。（5時間目） ・自分の考えと比べながら、友達と考えを伝え合う。（6時間目） ・学習を振り返る。（7時間目）	

❺ スイッチを働かせた授業の姿

［3 時間目］ ─ 体言止め 情景 に着目して、「歌」の 気持ち の変化を読む─

学習活動	指導のポイント

アメリカでのどのような経験が、「歌」の気持ちを変えたのだろう

 アメリカでの経験の後、「歌」は、どのような思いをもつようになったのでしょうか？

☞Point
「歌」がアメリカでの経験をもとにどんな考えをもつようになったかを確認し、それを意識しながら話し合えるようにします。

C 「歌」は、もっともっと英語の勉強をして、いろんなことをグレンと話してみたいと思うようになったよね。

「歌」がそのように思うようになった理由を伝え合いましょう。

C 「歌」は、「アメリカには、いろんな人が住んでいる」ことに一番驚いている。あたり前のこととして違いを受け止めているアメリカの文化に影響されたと思う。

C アメリカの自然も「歌」に影響を与えているね。スワンレイクの湖は「青い青い」と「くり返し」で表現されているから、透き通ったような青で本当に美しかったんだ。

C そこで「白鳥が二羽、仲よくよりそって、飛び立っていくのが見えた。」から、その光景が「歌」の印象に残っているよ。ここに、自分とグレンとを重ねたのかもしれない。

C 私は、やっぱりグレンとの出会いが大きいと思う。

☞Point
子どもの実態に応じて「アメリカの人々や自然」「グレンとの出会いや行動」「英語で伝え合うこと」のように、観点を決めて話し合ってもよいでしょう。

グレンとの思い出の中で、「歌」の心に一番残っているのは何でしょうか?

C 最初の握手だと思う。「思わず、ぎゅっと、グレンの手をにぎりしめた。」と、自分から握っている。最初の印象は大きいと思う。

C 物語の最後にも、えんぴつを「ぎゅっと、力をこめてにぎった。」と書いてある。グレンを思い出しているから、グレンとの握手が最も印象に残ったと考えられるね。

C 「歌」がグレンに「なんて美しい名前なんだろう。」と言われて、「急に自分の名前が好きになった。」というところが一番だと思う。「歌」がそのように言われたのは初めてだから。

C グレンと二人でスワンレイクを見つめているときだと思う。「まぶたまで青くそまってしまいそうな湖…」という情景から、「歌」の心に印象深く残ったよ。

☞Point
「歌」とグレンとの描写は、丁寧に読む必要があります。「一番心に残っているのは何か」を聞くことで、友達との考えの違いに気付き、主体的に話し合いができるようにします。

この一文は他にも出てきます。どこでしょうか?

C 物語の最初に、心にぱっと浮かんでいるよ。だから、「歌」はグレンと見た湖の景色が印象に残っているんだ。

☞Point
この湖の描写は、ぜひ立ち止まって考えたいところです。現在の「歌」が、原稿用紙に向き合って最初に浮かんだ （情景）です。「歌」の心に印象深く残っていることが伝わります。

この一文の文末に、作者の工夫が見られます。比べて考えてみましょう。

☞Point
比べて考えることにより、子どもは （体言止め）のよさに気付くこ

・見つめていると、まぶたまで青くそまってしまいそうな湖。
・見つめていると、まぶたまで青くそまってしまいそうな湖だった。

C 「湖。」で終わる方が、湖が強調されている感じがする。

C 「だった」がない方がリズムよく読むことができるよ。

このように、文末に「～です」や「～だ」を使わない表現を「体言止め」と呼びます。他にもたくさんあるので、ぜひ探してみましょう。

[4時間目] ― 体言止め・倒置法 情景 擬人法 など作者の紡ぐ表現を味わう―

学習活動	指導のポイント

この物語を読んで、自分が最も印象に残ったところを伝え合おう

げんこう用紙のそばから、えんぴつを取り上げると、ぎゅっと、力をこめてにぎった。あの日、グレンの手をにぎったときのように。

C 「歌」がグレンとの握手を思い出し、これから原稿用紙に書き始めようという気持ちが伝わってくるから印象的だよ。

ここには、作者である小手鞠さんの工夫が見られます。普通に書いた文と比べてみましょう。

げんこう用紙のそばから、えんぴつを取り上げると、あの日、グレンの手をにぎったときのように、ぎゅっと、力をこめてにぎった。

C この文だと「あの日、グレンの手をにぎったときのように」が強調されていない。グレンへのイメージが薄れてしまう。

C 小手鞠さんが書いた文章の方が印象に残るよ。グレンの手をにぎったときの、「歌」の気持ちが読者に伝わってくる。

C 私も、小手鞠さんが書いた文章の方が素敵だと思う。物語を読み終えても、余韻が残る感じがするから。

とができます。この物語では、体言止め が多用されています。物語にリズムが生まれたり、余韻に浸れたりするよさを子どもと味わえるようにしたいですね。

☞Point
作者の小手鞠さんは、実にたくさんの印象に残る描写を散りばめています。子どもたちの印象に残るところは異なります。伝え合いを通して、この物語から受け取る一人一人の感じ方の違いに気付けるようにしたいですね。

☞Point
倒置法 は、3年「モチモチの木」で習得したスイッチです。比べて考えてみることで、その表現のよさを味わえるようにしましょう。

このように、言葉の順序を変える表現を「倒置法」と呼びます。読者に余韻を与えてくれる表現ですね。

> さわさわ、さやさや、さわさわ、さやさや、草と風がやさしく話しかけてくる。見つめていると、まぶたまで青くそまってしまいそうな湖に、細かい波が立っていた。まるで、わたしたちといっしょに、笑っているかのように――。

C　ここが本当に印象に残っている。スワンレイクを見つめながら、波と「歌」たちが一体になっている感じがするから。

C　「草と風がやさしく話しかけてくる。」は「擬人法」だね。おだやかで、優しそうな感じがするよね。「倒置法」も使われていて、印象深くなっているよ。

C　「まぶたまで青くそまってしまいそうな湖に、細かい波が立っていた。」は情景だね。透き通った青のイメージが「歌」の心に残ったんだ。

☞Point
擬人法　倒置法　情景　が用いられて、美しく表現されています。子どもたちがどのような印象を受けるのかを問い返しながら、吟味していきます。

ここは「歌」の気持ちを表している「情景」として描かれています。どのような気持ちが表れていますか?

C　そのまま時間が止まって、ずっとずっとグレンと見つめていたいという「歌」の気持ちが表れている。

C　「歌」がグレンと過ごす、心穏やかな気持ちが伝わってくるね。

C　他にも、この物語は印象に残る色がたくさん出てくるよ。

C　そういう色が物語全体のイメージをつくっているんだね。

☞Point
他にも、子どもたちが素敵だと感じる表現はたくさんあると思います。一人一人の感じ方の違いを大切にしながら、受け止めていきましょう。

⑥　今後の教材につながるスイッチ

スイッチ	つながる教材
行動と表情	「銀色の裏地」(5年) → 「たずねびと」(5年) など
情景	「銀色の裏地」(5年) → 「たずねびと」(5年) など

4年
「スワンレイクのほとりで」

157

5 年

「銀色の裏地」

❶ 単元の目標

　理緒の心情の揺れ動きや他の登場人物との関わりを捉え、物語を読んで強く印象に残ったことについて伝え合うことができる。

❷ 本単元で働かせるスイッチ

[◎習得スイッチ]
　関係と役割　　人物像
　　　　心情

[○活用スイッチ]
　題名　　対比ことば
　　　カギことば

[・定着スイッチ]　行動と表情　　情景

❸ 教材の特徴とスイッチ

　令和6年度版より新掲載の「銀色の裏地」は、石井睦美さんの書き下ろし作品です。クラス替えによって揺れ動く理緒の心情や変化する友人関係が描かれています。語り手が特定の人物の内面に入り込む形式の「三人称限定視点」で描かれる理緒の内面にふれ、　心情　を捉えたり、高橋さんの　人物像　を想像したりします。　心情　や　人物像　という用語を、子どもが使えるようにしましょう。

▶ 変化する「関係と役割」を捉える

　人と人には関係があります。その関係は物語を通して変わる場合もあれば、変わらない場合もあります。「銀色の裏地」では、2つの　関係と役割　が変化します。

　1つ目は、クラス替えによって分かれてしまった理緒とあかね、希恵との関係です。「これまでだったらすぐに追いかけたはずなのに、…見送ることしかできなかった。」という描写からも、理緒とあかね、希恵への変化する　関係と役割　と、理緒の切ない心情を捉えることができます。

　2つ目は、理緒と高橋さんの　関係　です。新しいクラスで出会った高橋さんは、理緒にとっては近寄りがたい存在だったことが想像できます。「左どなりは高

橋さんで、右どなりはかべ。」という描写にも、逃げ場のない理緒の心情が表されています。しかし、給食やプレーパークでの出来事を通して、理緒の高橋さんに抱いていた印象が変わり、高橋さんとの距離も縮まります。物語が進むにつれて変化する（関係と役割）を見つめるスイッチを、本単元でぜひ習得しましょう。

▶ 性格を含む「人物像」は、人物の特徴を総合的に判断する

　理緒は、隣りの席になった高橋さんをどのような人物だと思っていたでしょうか。「こんなことどうっていうことはないのよと言いたげに見えた。」「まっすぐ前を見て、背すじをぴっとのばしてすわっている」「なんだか話しかけにくい－。」などの描写から、高橋さんを近寄りがたい（人物像）として理緒は判断していることが分かります。

　新たに習得する（人物像）は、しばしば性格と混同されることがあるため、それらの違いについて確認することが大切です。（人物像）は、人物の性格やものの見方・考え方などの特徴を総合的に捉えたもの、つまり性格よりも広い意味を含んでいます。全校朝会で理緒が抱いた印象、席が隣りになったときの姿勢、苦手なしいたけを食べるときの様子、プレーパークでの言動などのすべてが高橋さんの特徴です。それらの特徴をふまえ、高橋さんの（人物像）を総合的に判断したいですね。

▶「気持ち」と「心情」の違い、より複雑になる心の奥を想像する

　さて、本教材で最後に習得するスイッチが（心情）です。高学年になると「気持ち」から（心情）に文言が変わります。他者に容易に察することができるのが「気持ち」、行動や表情、発話内容から直接的には察することができない心の奥が（心情）と捉えることができます。

> もしかして、わたしの気持ちに気づいていたの。そう思ったけれど、理緒はそのことはきかずに、だまってくもり空を見上げ続けた。

　理緒は、どうしてだまってくもり空を見上げ続けたのでしょう。「だまって」からはマイナスな気持ちも感じますが、もちろんそうではありません。理緒が急にお母さんのことを話したくなったこと、はずむような声で返事をしたことなどから、そのときの理緒の（心情）を想像することが大切です。

159

④ 単元計画（全5時間）

時	学習活動	習得／活用スイッチ
1	○教材「銀色の裏地」を読み、学習の見通しをもつ。 ・単元の最後に、物語の印象的な表現や自分の経験と重ねて感じたことについて伝え合うことを確認する。	
2	○理緒と他の登場人物との相互関係を捉える。 ・「理緒とあかね、希恵」と「理恵と高橋さん」の関係の変化を捉える。	関係と役割 心情 対比ことば
3	○理緒から見た高橋さんの人物像を想像する。 ・高橋さんの行動や表情、様子などから人物像を想像する。	人物像
4	○「銀色の裏地」という題名の意味を考え、交流する。 ・理緒の心情と関連付けて「銀色の裏地」という題名の意味について考え、友達と伝え合う。	題名 カギことば
5	○学習を振り返る。 ・この物語を読んで強く印象に残ったことをまとめ、振り返る。	

⑤ スイッチを働かせた授業の姿

［2時間目］ ― 対比ことば や 心情 に着目し、 関係と役割 の変化を捉える―

学習活動	指導のポイント

理緒と他の登場人物との関係を読み取ろう

 物語の最初、理緒は、あかねと希恵とどのような関係だったでしょうか？

C 「仲よし三人グループ」と書いてあるし、いつも一緒にいる関係なんだと思うな。

C 児童館で一緒に遊んでいるから、仲よしだよね。

C でも、「理緒は不満をぶちまけた。」と書いてあるよ。イライラしている心情が分かるね。

☞Point
最初は、3人の 関係 に変化はありません。しかし、理緒は2人に対する心の距離ができ始めます。

では、理緒とあかね、希恵との関係は変わらなかったでしょうか？

C　「えみがうかんだ」から、「うかんだばかりのえみが、たちまち消える。」になっている。対比的に描かれているよね。

C　理緒は「三人いても、なんだかもう、二人と一人みたいだった。」と思っているよ。2人との距離を感じ始めているんだね。

C　それに、理緒は下校時にあかねと希恵の姿を見送ることしかできなかったよ。理緒の切ない心情が伝わってくるね。

C　「これまでだったらすぐに追いかけたはずなのに」からも、理緒はあかねと希恵との関係が変わったことが分かるね。

C　あかねと希恵は、特に気にしてないかもしれないけど、理緒からすると、2人との距離を感じちゃったんだろうね。

　理緒は、あかねと希恵との関係が変わってきましたね。では、理緒と高橋さんの最初の関係はどうでしたか？

C　初めて同じクラスになった子は、どんな子か分からないから、話しかけにくいんだよね。

C　「左どなりは高橋さんで、右どなりはかべ。」だから、高橋さんに対する印象はよくないよね。

C　「心の中でかべによびかけた。」からも、相当気まずい心情が分かるよね。

C　でも、そんな高橋さんとの関係もよくなっているよ。

　理緒と高橋さんとの関係は、どんな出来事がきっかけで変化していきましたか？

C　まず、給食の時間の高橋さんの姿を見て、「おもしろい人のようだ。」とあるから、高橋さんの印象が変わったんだね。

C　理緒は、まだその発見を素直に喜べてはいないよ。

C　でも理緒と高橋さんはしいたけが苦手という共通点もあって、親しみを感じたと思うな。

C　理緒からすると、「あれ？高橋さんにも苦手なものがあるの？」と驚いたし、心が近づいたんだろうね。

☞Point
「えみがうかんだ」「うかんだばかりのえみが、たちまち消える」の 対比ことば に着目できるようにします。また、どうして、理緒は2人を見送ることしかできなかったのでしょう。そこから、理緒の 心情 を想像することで、 関係 の変化を捉えることができます。

☞Point
次は、高橋さんとの最初の関係です。理緒の高橋さんへのイメージはよくありません。右と左で、高橋さんとかべを同じように見ていることからも、理緒の 心情 を想像しましょう。

☞Point
相手が思っていた印象と違った経験があるという子どもがいる場合は、その経験と関連付けることで、場面の様子を具体的に捉えられるようになるでしょう。

5年

「銀色の裏地」

161

その他に、理緒と高橋さんの関係が大きく変化することになった出来事はありましたか？

C　プレーパークに行く場面だよね。高橋さんが話した「絶好の天気って、どういうことだろう。」と不思議に思っているよ。

C　でも、そこで「銀色の裏地」の話を聞いて、「もしかして、わたしの気持ちに気づいていたの。」と思った。理緒は、高橋さんの優しさを感じてうれしくなっているね。

C　だから、お母さんのことも話したくなったんだね。理緒は、自分から高橋さんに話しかけるようになったよ。

C　最後は、「はずむような声が出ていた。」と書いてある。理緒は、これから高橋さんと仲よくなれるかなと、わくわくしている感じがするよ。

理緒と高橋さんの関係も変わりました。「銀色の裏地」では、2つの関係の変化がありましたね。

☞Point
理緒が高橋さんへの見方を大きく変えるのが、プレーパークでの出来事です。理緒は、初めて高橋さんに自分から話しかけます。くもり空を「いい天気」「絶好の天気」というお母さんと高橋さんを重ねて見ていることも想像できます。

[3時間目]　―理緒から見た高橋さんの（人物像）を総合的に捉える―

学習活動	指導のポイント

理緒から見た高橋さんの人物像を想像しよう

最初に理緒は、高橋さんのことをどんな人物だと思っていたでしょうか？

C　才能があって、近寄りにくい人だと感じていたと思うな。

C　「つんとすまして、こんなことどうっていうことはないのよ」というふうに理緒には見えているよ。真面目すぎて、マイナスのイメージだよね。

C　「まっすぐ前を見て、背すじをぴっとのばして」からも、真面目な優等生タイプだと感じているよ。

C　「教科書をわすれたら見せて、と心の中でかべによびかけた。」とあるから、理緒は高橋さんに自分から話しかけることはできないんだね。

☞Point
前時の関係の変化と関連付けて、場面ごとに理緒の高橋さんに対する印象を捉えていきましょう。心内語など、三人称限定視点で語られる理緒の内面を読み取ります。

給食やプレーパークの出来事で、理緒の高橋さんへの印象は、どうなりましたか？

☞ Point
次に、理緒が一緒に過ごす中で感じた高橋さんの特徴についてまとめましょう。最初のイメージとは異なる高橋さんの（人物像）が捉えられるはずです。

C 「楽しそうにおしゃべりをした。」から、親しみやすい雰囲気のある人だと思っている。最初のイメージと全く違った。

C 「しいたけ、わたしも苦手。」と言っているから、完璧な人ではなかった。

C そのしいたけを「世界一おいしいものだって想像して食べることにしてる。」と、発想がおもしろい人だと感じているよ。

C 「ずんずんしばふの中に入っていく。」の「ずんずん」から高橋さんに、力強さも感じたと思うよ。

C ためらいもなく横になったりしている。向こう見ずな人という印象になっているかもね。

C でも、理緒の気持ちを分かっていたんだよ。だから、銀色の裏地の話をして理緒を励まそうとしたのかも。

物語全体の印象を通して、理緒は高橋さんをどのような人物だと思っているでしょうか？

☞ Point
教科書の巻末にある「言葉のたから箱」の「人物を表す言葉」から言葉を選んで、語彙の拡充を図りましょう。（人物像）は、物語全体を通して総合的に捉えるようにします。

C 温和で品のある人だけど、行動力もある人だ。

C 堂々としていて、実は明るくて、おおらかな部分もある人だ。

「人物像」は、物語の一部分に着目するのではなく、物語全体から考えるといいですね。

⑥ 今後の教材につながるスイッチ

スイッチ	つながる教材
関係と役割	「大造じいさんとガン」（5年）→「帰り道」（6年）など
題名	「やまなし」（6年）→「ぼくのブック・ウーマン」（6年）など
心情	「たずねびと」（5年）→「やなせかかし」（5年）など
人物像	「やなせたかし」（5年）→「大造じいさんとガン」（5年）など
対比ことば	「やまなし」（6年）
カギことば	「たずねびと」（5年）→「帰り道」（6年）

5年
「銀色の裏地」

5年

「たずねびと」

❶ 単元の目標

　物語の内容と表現に着目して物語の全体像を捉え、考えたことを伝え合うことができる。

❷ 本単元で働かせるスイッチ

[◎習得スイッチ]

テーマ・全体像

[○活用スイッチ]

語り手　心情　くり返し

情景　カギことば

[・定着スイッチ] 行動と表情

❸ 教材の特徴とスイッチ

　「たずねびと」は、既習の戦争教材とは異なり、中心人物の楠木綾は現代に生きる11歳の女の子です。ポスターで「楠木アヤ」という名前を見つけたことをきっかけに、戦争や原爆の歴史を知り、「楠木アヤ」をはじめ、当時の人たちに思いを馳せる作品です。綾自身が語り手である一人称視点のため、綾の考えていることや感じていることが直接的に表現されています。そのため、綾の心情に寄り添いながら読むことができます。綾の心情や表現の変化を読み取り、物語の全体像を導き出すことができるようにしましょう。

▶「カギことば」「心情」から「テーマ・全体像」を具体的にイメージする

　テーマ・全体像 は、物語から何を感じたのかという「内容」と、どのように描かれているかという「表現」の両面から考えることが大切です。

　まず、「内容」から考えてみます。「たずねびと」を読んだ子どもたちは、平和の尊さを強く感じるでしょう。綾と5年生の子どもたちは、戦争についてなんとなく知っている程度という共通点があります。綾の 心情 に寄り添いながら、物語の出来事を追体験することを通して、子どもたちが物語から伝わってくることを具体

164

的に言葉で表現できるようにしたいですね。

　次に、「表現」に注目します。重要な カギことば は「名前」です。

> ①名前は、まるで羽虫のようにひょいひょい飛んで、たちまち消えてしまう。
> ②夢で見失った名前にも、いくつもいくつものおもかげが重なって、わたしの心にうかび上がってきた。

　①は、広島を訪れる前に夢の中で見た「名前」の捉え方です。綾にとってポスターに記されていた「名前」は、気付いたらどこかへ行ってしまうような存在だったことが分かります。その「名前」が、広島訪問後の最終場面では②のように表されています。広島での出来事を通して、ポスターに記されていた「名前」も、ただの文字ではなく、かけがえのない存在として綾の心に浮かび上がってきたのです。他にも、「顔」「人々」など、くり返し出てくる言葉に着目しましょう。

　また、「たずねびと」には、「―（ダッシュ）」が多く用いられています。「―（ダッシュ）」は、余韻や臨場感、緊迫感をもたせたり、時間の経過を表したりするときなどに使われます。綾が語る地の文の「―（ダッシュ）」は、綾の 心情 に余韻をもたせます。「わたしたちがわすれないでいたら―」など、綾の 心情 の余韻を表現する部分に着目することで、表現の効果を考え、内容と表現の両面から子ども一人一人に応じた テーマ・全体像 を導き出せるようにしましょう。

▶「語り手」である綾の表現の変化に着目する

　 語り手 である綾は、「わたし」と「わたしたち」を使い分けています。物語の中で、「わたしたち」が使われている最後の場面の描写を見てみます。

> あのおばあさんが言っていたように、わたしたちがわすれないでいたら―

　なぜ、綾は「わたし」ではなく「わたしたち」と語っているのでしょうか。ぜひ、子どもたちと考えたいところです。この場面の「わたしたち」は、綾とお兄ちゃんだけでなく、もっと大勢の人を表していると考えられる重要な言葉です。広島での経験、とりわけ原爆供養塔でのおばあさんとの出会いにより、綾の戦争や平和に対する見方が大きく変わったことが分かります。だからこそ、夢で見失われた名前にも、いくつもの面影が重なって、綾の心に浮かび上がってきたのです。

④ 単元計画（全6時間）

時	学習活動	習得／活用スイッチ
1	○教材「たずねびと」を読み、学習の見通しをもつ。 ・単元の最後に、物語の全体像を捉え、考えたことを伝え合うことを確認する。	語り手
2〜4	○場面ごとに綾の心情を捉える。 ・綾が出会ったものや登場人物を確かめる。（2時間目） ・「顔」「人々」「空や川の情景」などくり返し出てくる言葉に着目して、綾の心情の変化を捉える。　　　　（3時間目） ・綾の「名前」の捉え方の変化について考える。（4時間目）	心情 くり返し 情景 カギことば
5・6	○物語の全体像を考える。 ・内容と表現に着目して、全体像を考える。（5時間目） ・考えたことを友達と伝え合い、学習を振り返る。（6時間目）	テーマ・全体像

⑤ スイッチを働かせた授業の姿

[4時間目] ― カギことば である「名前」の捉え方が変化したきっかけを考える―

学習活動	指導のポイント

綾にとって、ポスターの名前がただの名前ではなくなったのは、どうしてだろう

 1場面では、綾にとって、ポスターに書かれていた名前はどのようなものでしたか？

C　自分と同じ名前の「楠木アヤ」だけを気に留めているね。

C　夢に出てきているよね。「名前は、まるで羽虫のようにひょいひょい飛んで、たちまち消えてしまう」と書いてあるよ。

C　他の名前は「羽虫のように」だから、重要な存在ではないんだね。

C　「ひょいひょい」というオノマトペからも、それらの名前は綾にとって軽い感じがするよね。

 広島を訪れた後の綾にとって、「名前」は「ただの名前」から、どんなものに変わったのでしょうか？

☞Point
「羽虫のように」という「比喩」に着目することで、 カギことば である「名前」の1場面での捉え方について考えることができます。「ひょいひょい」「たちまち消えてしまう」という言葉からも、綾にとってただの名前だったことが分かります。

C 忘れてはいけない、大切なものになったと思うな。

C 「夢で見失った名前にも、いくつもいくつものおもかげがかさなって」と書いてある。だから、綾にとって、一人一人の名前はただの名前ではなくなったんだ。

 では、どうして、綾にとって「名前」は「ただの名前」ではなくなったのでしょうか？

C これは、広島での経験が関係しているよね。

C まず、平和記念資料館で、約14万人が亡くなったことなどを知って、戸惑ったり、胸を痛めたりしているね。

C 「うちのめされるような気持ちのまま」だから、綾は一発の爆弾で大勢の人がいなくなったことがずっと心に残り、気が重くなっているんだ。

C 次は、追悼平和祈念館に行ったよ。綾と同じくらいの子や赤ちゃんが画面に現れ続けたよ。

C 「とぎれなく現れ続ける顔をずうっと見つめていたら」と書いてある。目の前にその人が現れたように感じたんだと思う。

C 「でも、どうしても目がはなせなかった。」という表現から、綾はそれらの亡くなった子どもたちの表情を見て、切ない気持ちになっている感じがする。

C 原爆供養塔で会ったおばあさんの存在も大きいと思うよ。

 綾にとって、原爆供養塔での出来事が大きかったのはどうしてでしょうか？

C おばあさんが、名前の分かっている800人余りの人の家族をずっと探しているからだと思う。

C 「いつかだれかがむかえに来てくれはせんかと」というおばあさんの言葉から、一人一人がとても大切だと感じたんだよ。

C 「アヤちゃんのことを、ずっとわすれんでおってね。」とおばあさんが言った。そこから、綾はアヤちゃんだけでなく、他のたくさんの名前も特別なものだと思うようになったんだ。

C それが、「いくつもいくつものおもかげが重なって」につながるよ。広島に来る前は、「ポスターの名前が、ただの名前でしかなかったように」だから、綾の見方は変化しているね。

5年 「たずねびと」

☞Point
広島での出来事や経験が綾を大きく変えました。平和記念資料館→追悼平和祈念館→原爆供養塔と順番に考えていき、綾の「心情」を捉えることができるようにしましょう。

☞Point
巻末にある「言葉のたから箱」から心情を表す言葉を選んで、語彙の拡充を図りましょう。また、綾がモニター画面を見る場面では、「写し出される顔」ではなく、「現れ続ける顔」と書かれています。表現の効果について考えたいところです。

☞Point
おばあさんとの会話が、綾に大きな影響を与えて、(カギことば)である「名前」の捉え方が変わるきっかけとなったことを押さえましょう。

☞Point
綾が戦争への見方や考え方を広げたり深めたりしたからこそ、名前はただの名前ではなくなり、祈念館でめぐり会った子どもたちの顔が重なってきたことを感じられるようにします。

C 「名前」を通して、綾はアヤちゃんだけでなく、戦争で亡くなった多くの人のことを考えられるようになったんだ。

[5時間目] ―内容と表現に着目して、 テーマ・全体像 を導き出す―

学習活動	指導のポイント

物語を読んで、心に残ったことや着目した言葉について話し合おう

 まず、内容から考えていきます。「たずねびと」を読んで、心に強く残ったことはありますか?

C 平和な世界がいつまでも続くといいなと思ったよ。

C 知れば知るほど、二度と戦争が起きてほしくないという思いが強くなる。戦争や原爆の恐ろしさを感じたよ。

C 「わたしたちがわすれないでいたら―」には、綾の心情がこめられているね。

C 「こんな戦争を二度と起こさせない」という決意も感じるよ。

☞Point
最初に、内容から考えます。一人一人が最も心に残ったことを、出し合いましょう。「―(ダッシュ)」には、綾のどんな心情がこめられいるかを発問し、考えることも有効です。

 では、次に言葉を見ていきます。この部分が、「わたし」ではなく、「わたしたち」になっているのはなぜでしょうか?

C 1人だけではなくて、みんなが忘れないことが大事ということを伝えたいんだと思う。

C 綾は、自分だけではなくて、世界中の人たちも「わたしたち」の中に含めているんだよ。

☞Point
次に、言葉(表現)に着目して、物語の全体像を考えます。
「わたしたち」と「わたし」とを対比して考えると綾の心情の変化が感じられます。

 「わたしたち」のように、印象に残った言葉や表現はありますか?

C 「静かに流れる川、夕日を受けて赤く光る水。」という情景が印象に残った。綾は広島での経験を通して、心の中でアヤちゃんや戦争のことを深く考えていることが分かるよ。

C 「青くゆったり流れる川」よりも「赤く静かに流れる川」の方が、しんみりしている感じがするよね。

C 「きれいな川はきれいな川でしかなかった。」からも、同じ川の

☞Point
「情景」や「色ことば」だけでなく、「人々」を表す表現も立ち止まって考えることができます。「たくさんの人」が、「十四万人」「校庭の頭の数の二百倍」など、どんどん具体的になっています。

見え方が変わったことが分かるね。

C　前の時間で考えた「名前」という言葉も印象に残っている。名前は一人一人を表す大切なものだと綾は気付いたよね。

C　数に関係する言葉もたくさん出てきた。どんどん具体的な数字になっていくのが印象的だった。

 「たずねびと」を読んで、心に残ったことや着目した言葉や表現について、自分が感じる「テーマや全体像」をまとめましょう。

☞ Point
「内容」と「表現（言葉）」から一人一人が導き出した思いや考えが、（ テーマ・全体像 ）であるということを押さえましょう。

C　綾は実際に広島に行って、戦争の怖さを肌で感じたからこそ、忘れてはいけない歴史だと強く思うことができたんだ。

C　夢の中で、初めは読めなかった名前が、最後には面影も重なって心に浮かび上がってきたのもこの物語では印象的だった。

C　「わたしたち」という、たった一言にこめられた意味に気付くと、綾の平和への思いが、より一層伝わってくるね。

C　情景描写から戦争の歴史を知った綾の切ない気持ちや原爆の恐ろしさを感じることができる物語だった。

 内容や言葉に着目すると、物語から伝わってくる「テーマや全体像」が見えてきますね。

6　今後の教材につながるスイッチ

スイッチ	つながる教材
テーマ・全体像	「大造じいさんとガン」（5年）→「ぼくのブック・ウーマン」（6年）など
語り手	「やなせたかし」（5年）
心情	「やなせたかし」（5年）→「大造じいさんとガン」（5年）など
くり返し	「大造じいさんとガン」（5年）→「帰り道」（6年）
情景	「大造じいさんとガン」（5年）
カギことば	「帰り道」（6年）

5年
「たずねびと」

169

「やなせたかし―アンパンマンの勇気」

5年

❶ 単元の目標

やなせたかしの生き方を捉え、自分の生き方について考えたことを文章にまとめることができる。

❷ 本単元で働かせるスイッチ

─── [○活用スイッチ] ───

文種　語り手　行動と表情　人物像　心情

[・定着スイッチ] 場面と出来事

❸ 教材の特徴とスイッチ

伝記という 文種 は、人物の行動や会話、心情が物語のように書かれています。一方で、書き手を「筆者」と呼んだり、事実の説明や人物に対する筆者の考えが書かれていたりするなど説明文の要素も含まれて、物語文と説明文が合わさったような構成をしている文章といえます。これまで習得してきたスイッチを働かせて、やなせたかしの生き方を捉え、子ども自身が自分の生き方に取り入れたいことや、自分はどのように生きていきたいかを考えることができるようにしましょう。

▶「伝記」という「文種」を知り、文章の内容を分類することで、読み方の視点をもつ

伝記は大きく、「物語のように書かれている部分」「事実の説明が書かれている部分」「その人物に対する筆者の考えや評価が書かれている部分」の３つに分けることができます。

> 二〇一一年三月十一日、東日本大震災が起こった。…ひなん所の子どもたちが大合唱しているというのだ。

上記の文は、事実の説明が書かれている部分です。「やなせたかし」という人物

は、なぜこの出来事に強く心を動かされたのでしょうか。その理由となるたかしの生い立ちや経験などが、そのあとに描かれる構成となっています。

「そうだ　うれしいんだ　生きる　よろこび…『ぼくも、何かできることをしなければ。』」の部分は、物語の前書きのようです。そして、「やなせたかし（本名 柳瀬嵩）は、一九一九年に東京で生まれた。」以降の部分は、物語の設定のような役割をしていますね。このように考えると、物語の学習で習得してきたスイッチを働かせることは、伝記を読み、その人物の生き方を捉えることに役立ちます。伝記に描かれる人物の「人生」という物語を読み進めましょう。

▶ 伝記は、筆者の視点から評価した被伝者の「人物像」「心情」が描かれる

伝記の（語り手）は筆者です。「やなせたかし―アンパンマンの勇気」の筆者である梯久美子さんは、やなせたかしが編集長をつとめた雑誌の編集者だった方です。そんな梯さんの視点から評価したやなせたかしの（人物像）が、伝記に描かれています。同じ人物の伝記でも、筆者が異なる場合や同じ筆者でも作品が異なる場合、取り扱われるエピソードが違ったり、その人物（被伝者と呼ばれます）の（人物像）（心情）の印象が変わったりすることがあります。伝記は、筆者の視点から評価した被伝者の（人物像）（心情）が描かれている文章といえるでしょう。

▶ 物語のように読むことで、自分の生き方について考える際の視点をもつ

被伝者の生き方を捉えても、自分の生き方について考えることができない子どもがいます。その要因の1つとして、被伝者が生きた時代と子どもたちが生きている時代の価値観の違いがあります。伝記教材「やなせたかし」の場合、戦時中や戦後の生活の苦しさは、なかなかイメージできないでしょう。また、東日本大震災も、5年生には過去の出来事になっています。

そこで、たかしの（行動）や（心情）を捉えることを通して、たかしの生き方や考え方に影響を与えた出来事を押さえましょう。そして、たかし自身がたび重なる病気や手術で辛い状況に置かれている中でも被災地支援をしたという事実から、たかしの（人物像）を想像して、子どもたちがこれからの生き方について考える際の視点をもつことができるようにしたいですね。

❹ 単元計画（全5時間）

時	学習活動	習得／活用スイッチ
1	○教材「やなせたかし—アンパンマンの勇気」を読み、学習の見通しをもつ。 ・「たかし」の行動や生き方を捉え、それをもとにこれからの自分についての考えを文章にまとめることを共有する。	文種 語り手
2	○伝記に取り上げられている出来事を確かめる。 ・「たかし」の生き方を捉え、アンパンマンを生み出した理由を読み取る。	行動 心情
3	○「たかし」の人物像を考える。 ・「たかし」の行動、ものの見方や考え方などを総合的に捉え、「たかし」の人物像を考える。	人物像
4	○これからの自分についての考えを文章に書く。 ・「たかし」の行動や生き方をもとに、「こうありたい自分」を文章にまとめる。	
5	○学習を振り返る。 ・伝記を読むことや、自分の生き方を考えることについて振り返る。	

❺ スイッチを働かせた授業の姿

［2時間目］ ―「語り手」が描くたかしの（ 行動 ）や（ 心情 ）から、たかしの人生を読み取る―

学習活動	指導のポイント

たかしは、どんな人生を送り、アンパンマンを生み出したのだろう

たかしの生き方に影響を与えたのは、どんな経験や出来事だったのでしょうか？

C　小さいころに親と別れたことは、たかしに影響を与えたよ。その中でも、弟の千尋の存在は大きかったんだろうな。

C　「高知県のおじ夫婦のもとに引き取られることになった。」と書いてある。「どうしてもすなおになることができない。」「胸がつぶれるようにさびしい」という表現から、たかしの心情が分か

☞Point
まず、幼少の頃のたかしに影響を与えた出来事を捉えます。父親の病死、母親との別離など、悲しみや寂しさを抱えています。「語り手」である筆者の視点で、たかしの（ 行動 ）や（ 心情 ）が語られています。

るね。

C さびしさを忘れるために、夢中になって絵を描いていたことも大きな経験だよね。

C そして、たかしは戦場に行くよね。やっぱり戦争が、たかしの生き方に一番影響を与えたと思うよ。

 戦争は、たかしにどんな影響を与えたでしょうか？

C 「最もつらかったのは、食べる物がなかったことだった。」と書いてある。生きることに必死だったんだろうな。

C 戦争に行ったことや戦争で弟を亡くした経験が、「正義」について考えるきっかけになったんだね。

C 「この世に正義はないのだろうか。」と、たかしは考えている。たかしは「本当の正義」を探していたんだ。

C そして、「本当の正義とは、おなかがすいている人に、食べ物を分けてあげることだ。」と気付いたよ。

C だから、アンパンマンが生まれたんだね。「正義や命について考えぬいた末に生み出した主人公」と書いてある。

C でも、それは大人たちから評判が悪かったんだよね。

 そうですね。たかしは、なぜ、人気が出なくてもアンパンマンを描き続けたのでしょうか？

C たかしの考える「本当の正義」の信念を貫いたんだよ。

C アンパンマンが、自分の顔を食べさせて元気付けるのは、「食べ物を分けることは、人を生かすこと」という考え方につながるよね。

C 「どうしてもだれかを助けたいと思うとき、本当の勇気がわいてくるんだ。」と、たかしは考えている。この部分は、戦争や戦後の経験が影響している。

C アンパンマンは、強さよりも優しさが目立つよ。だから、優しささえあれば誰でもヒーローになれることをたかしは伝えたかったんだ。

C 「本当の正義」「本当の勇気」と「本当」がついているよね。ここにたかしの考えがあり、アンパンマンにつながるんだ。

☞ **Point**
幼い兄弟がおにぎりを分け合って食べる姿を見たことが、たかしの「正義」に対する考え方に大きな影響を与えたことを押さえましょう。

☞ **Point**
ここは、子どもたちから問いが生まれるはずです。どうして、たかしは描き続けたのでしょうか。たかしの考える「本当の正義」「本当の勇気」とは何かを考えながら、たかしの（心情）を読み取りましょう。

☞ **Point**
アンパンマンのヒーロー像は、震災で励まし合い、助け合う大勢の人々にもつながります。

そのアンパンマンが、子どもから人気が出たのはど
　　うしてでしょうか？

C　大人は、顔を食べさせることを残酷だと思った。でも、子ども
　　たちは、優しさだと思ったんだ。

C　みんなが小さいころ、アンパンマンに夢中になったよね。子ど
　　もは、顔を食べさせたり、すぐに困っている人を助けるアンパ
　　ンマンが大好きだよね。

C　私も幼稚園のころアンパンマンが大好きで、憧れたよ。

C　つまり、やなせたかしさんの思いが子どもたちに伝わったとい
　　うことだね。

　　戦争などの経験が、たかしの「正義」や「命」の考
　　え方に影響を与えて、アンパンマンが生み出された
　　のですね。

☞Point
大人には残酷だと評判が悪かったアンパンマンですが、子どもたちからは愛されました。子どもたちが、幼稚園や保育園の頃の経験を出し合うことで、たかしの思いを知らず知らずのうちに自分たちが受け取っていたことに気付くでしょう。

[3 時間目]　―たかしの行動やものの見方・考え方などを総合的に捉え、(人物像)を考える―

学習活動	指導のポイント

たかしは、どのような人物なのだろうか

　　東日本大震災が起きたとき、たかしは自分もつらい
　　時期でした。それでも被災者の人たちを応援したの
　　はなぜでしょうか？

C　「人を助けようとしたら、自分も傷つくことをかくごしなければ
　　ならない。」という信念を貫きたかったんだと思う。

C　たかしは、「力をふるい起こす。」と書いてあるよ。「アンパンマ
　　ンのマーチ」でみんなが元気になるのが嬉しかったんだ。

C　自分がつらくても、人のことを考えて助け合う被災した人たち
　　の姿が、胸に響いたんじゃないかな。

☞Point
たかしの(人物像)を自由に話し合ってもよいのですが、まず、震災が起きたときのたかしの「行動」の理由を読み取ります。この伝記は額縁構造になっているので、震災のことが描かれている文章のはじめと終わりの部分に着目しましょう。

　　ここから、たかしは、どのような人物だといえるで
　　しょうか？

C　自分のことよりも周りの人のことを考えて、行動する人だよね。

☞Point
たかしの(人物像)を捉えます。教科書の巻末にある「言葉のたから箱」の「人物を表す言葉」か

本当にアンパンマンみたいな人だ。

C 「ぼくも、何かできることをしなければ。」と言っているよね。そこからも、行動力のある人だと分かるよ。

C 力強い生き方だよね。いつでも、どんなときも自分の心に嘘をつかない人だね。

 他にも、梯さんはたかしの経験や出来事、思いを描いています。そこから、たかしはどんな人物だといえるでしょうか？

C 「アンパンマンをかき続けた。」から、自分の信念を貫く人だよ。それに、とても根気強くて、努力家だと思う。

C たかしは、父親や弟を亡くしてつらい経験をしてきた。だから、人の痛みを考えることができる温和な人だ。

C たかしは「正義の戦争なんていうものは、ないんだ。」と言っている。たかしは、平和をとても大事にした人だと思う。

C 亡くなる直前まで絵や物語をかくなど、最後まで夢を追いかけた人だね。

 人物像は、人物のもの見方や考え方などの特徴を広く捉えて考えることが大切でしたね。たかしの生き方について、思ったことはありますか？

C 自分の考えに信念をもって、何事にも一生懸命取り組む姿勢を真似したいな。

C 自分のことよりも、周りの人のことを考える生き方が素敵だと思ったよ。

 次の時間は、たかしの行動や考え方をふまえて、これからの自分の生き方について考えましょう。

ら言葉を選んで、語彙の拡充を図ることが大切です。

☞ Point
（人物像）を捉える学習を想起し、たかしという人物を総合的に判断できるようにしましょう。同じ出来事でも、子どもによって捉える人物像は異なります。多様な言葉で捉え、語彙を豊かにしていきたいですね。

☞ Point
次の時間に、自分の生き方について考える際の視点となるように、本時の学習をまとめましょう。

❻ 今後の教材につながるスイッチ

スイッチ	つながる教材
（人物像）	「大造じいさんとガン」（5年）→「帰り道」（6年）など
（行動と表情）	「大造じいさんとガン」（5年）→「海の命」（6年）
（心情）	「大造じいさんとガン」（5年）→「帰り道」（6年）など

「大造じいさんとガン」

❶ 単元の目標

　大造じいさんとガンの内容や展開、表現の効果について考え、物語の全体像をつかみ、物語の魅力を伝え合うことができる。

❷ 本単元で働かせるスイッチ

[◎習得スイッチ]

山場と結末

[○活用スイッチ]

心情　関係と役割　情景　文末　テーマ・全体像

人物像　文の長さ　作者（訳者）と出典

[・定着スイッチ]　行動と表情　色ことば　くり返し　複合語・語調

❸ 教材の特徴とスイッチ

　昭和55年度版から光村図書の教科書に掲載され続けている「大造じいさんとガン」は、途切れることなく教科書に掲載され続けています。（作者）の椋鳩十さんは、様々な動物の物語を描いています。物語の展開だけでなく、構成や表現の巧みさが高学年に適した作品ということができます。上記のように、これまで学んできた多くのスイッチを働かせ、表現の工夫や効果などに着目して読むことができるようにしましょう。

▶「文の長さ」「文末」で臨場感が高まる「山場と結末」

　（山場）は、物語の中で、中心となる人物のものの見方や考え方、人物同士の関係が大きく変わるところです。「大造じいさんとガン」の（山場）は、残雪がハヤブサと戦う場面です。この場面の特徴は、（文の長さ）と（文末）です。

> 　ハヤブサは、その一羽を見のがしませんでした。じいさんは、ピュ、ピュ、ピュと口笛をふきました。ぱっと、白い羽毛が、あかつきの空に光って散りました。ガンの体はななめにかたむきました。
> 　もう一けりと、ハヤブサがこうげきの姿勢をとったとき、さっと、大きなかげが空を横切りました。残雪です。

大造じいさんや残雪、ハヤブサの動きや様子など（文の長さ）が、短い一文で表現され、出来事が目の前で起きているような臨場感を生み出しています。また、「残雪です。」の（文末）は現在形で描かれており、物語全体に臨場感を生み出しています。（結末）では、（山場）の出来事を通して変化した（関係と役割）が表現されています。大造じいさんの残雪に対する呼称も、「たかが鳥」から「ガンの英雄」へと変わります。さらに、「飛び去っていく」という複合語に着目すると、残雪の威厳や仲間を想う気持ちの強さが伝わってきます。その姿を大造じいさんは「見守って」いるのです。残雪に対する労いや温かさを感じる表現といえるでしょう。

▶「情景」から大造じいさんの「心情」を読む

「大造じいさんとガン」では、（情景）の効果を考えることも大切にしましょう。

> ・秋の日が、美しくかがやいていました。
> ・あかつきの光が、小屋の中にすがすがしく流れこんできました。
> ・東の空が真っ赤に燃えて、朝が来ました。

上記の情景描写は、大造じいさんが残雪と戦う前の情景として描かれています。各年の作戦に対する期待感など、大造じいさんの（心情）を読み取ることができます。

▶ 物語の魅力を考えることを通して、「テーマ・全体像」に迫る

（テーマ・全体像）は、物語の「内容」と「表現」の両面から考えることが大切です。本単元では、物語の魅力を考えることを通して、（テーマ・全体像）を捉えます。

内容から考えると、子どもたちは「正々堂々と戦う清々しさ」「大造じいさんと残雪のプライド」などを感じるでしょう。仲間を助けるためなら死をも覚悟する残雪。そんな残雪に強く心打たれ、別れを惜しむかのようにいつまでも、いつまでも見守る大造じいさん。子どもたちは、大造じいさんと残雪の行動や生き方、すなわち（人物像）に魅力を感じるでしょう。

表現では、美しい情景描写や緊迫感あふれる山場の描写が印象的です。複合語、くり返し、色ことば、などが巧みに用いられ、物語を彩っています。内容と表現の両面から物語の魅力を考え、（テーマ・全体像）に迫りたいですね。

❹ 単元計画（全6時間）

時	学習活動	習得／活用スイッチ
1	○教材「大造じいさんとガン」を読み、学習の見通しをもつ。	作者（訳者）と出典
2	○大造じいさんの心情に着目して、物語の大体の内容を捉える。 ・情景描写に着目して、場面ごとの大造じいさんの心情を捉え、心情の変化についてまとめる。	心情 情景
3 〜 5	○山場や物語の魅力について考える。 ・大造じいさんの残雪への見方が大きく変わる場面を考える。 （3時間目） ・内容と表現の両面から、物語の魅力をまとめる。（4時間目） ・物語の魅力を伝え合う。（5時間目）	山場と結末 文の長さ 関係と役割 人物像 文末
6	○学習を振り返る。 ・物語のテーマ・全体像をまとめ、学習を振り返る。	テーマ・全体像

❺ スイッチを働かせた授業の姿

［3時間目］ ― 文の長さ 文末 に着目して 山場 を読む―

学習活動	指導のポイント

大造じいさんの残雪への見方が大きく変わった場面はどこだろう

C 大きく変わったのは、3年目に残雪がハヤブサと戦う場面だと思うな。

C 最後の場面では、呼び方も「たかが鳥」から「英雄」に変わっている。残雪への見方が変化していることが分かるね。

C そのきっかけとなったのは、3年目のときだよね。

物語の中で、中心人物のものの見方・考え方や人物同士の関係が大きく変わる場面を「山場」といいます。

C 3年目の作戦のときは、物語が一番盛り上がっているよ。

C 残雪とハヤブサが戦う場面は、スピード感があるんだよね。

☞ Point
物語の展開に合わせて、登場人物の見方は少しずつ変わっていきます。 山場 について考えるときは、「大きく変わったところ」という視点をもって考えます。

C 第3場面の、大造じいさんの前で残雪とハヤブサが戦うところが山場だよ。

 一文の長さに着目して、他の場面と3年目の場面を読み比べてみましょう。

C 「一羽、飛びおくれたのがいます。大造じいさんのおとりのガンです。」みたいに、短い文で区切られているよ。

C 「残雪です。」は、とても短い。いきなり残雪が来た感じ。

C 文末も現在形で表現されているから、物語が盛り上がっているね。

C すぐに残雪が、仲間を助けに来たんだね。ここは、ハラハラドキドキするよね。

C オノマトペも「パーン」「ぱっ」「ぐっ」みたいに短くて、スピード感を出すような言葉が使われているな。

C おとりのガン、ハヤブサ、残雪、大造じいさんの様子が次々と出てくるから、展開が速く感じるね。

 短い文が続くと、臨場感を高める効果が味わえます。では、この場面で、どうして大造じいさんの残雪への見方が変わったのでしょうか?

C 残雪が、仲間のガンを助けにきたからだと思うよ。

C 「残雪の目には、人間もハヤブサもありませんでした。」と書いてある。それくらい、残雪は必死な様子だったんだ。

C だから、大造じいさんは、息をのんで思わず銃を下ろしてしまった。

C 「残雪は、むねの辺りをくれないにそめて」は、とても傷ついている。それでも、大造じいさんを正面からにらみつけたから、大造じいさんは見方を変えたんだよ。

C 「最期の時を感じて」からは、頭領らしい振る舞いをする残雪の姿が、大造じいさんの胸に響いたんだね。

C 「ただの鳥に対しているような気がしませんでした。」と書いてあるから、「たかが鳥」から「英雄」に変わったんだ。

 山場の出来事が、残雪に対する大造じいさんの見方に大きな影響を与えたことが分かりますね。

☞Point
3年目の場面とその他の場面を音読して、(文の長さ)など表現の違いと効果について気付けるようにするとよいでしょう。また、「残雪です」は(文末)が現在形です。「残雪でした」と過去形にして比べると、より残雪の様子や、物語の緊迫感が感じられます。

5年

「大造じいさんとガン」

☞Point
(山場)は、展開が速いだけでなく、登場人物を表す呼び方(呼称)も変化します(大造じいさん・飼い主・人間・第二のおそろしいてき)。行動や様子を把握するためにも、主語になっている登場人物を確認しながら学習を進めましょう。

☞Point
「たかが鳥」から「ガンの英雄」と、大造じいさんの残雪への呼び方が変わります。そこから、大造じいさんの残雪への見方が変わったことを捉えることができるでしょう。

[5時間目] ―「内容」と「表現」の両面から物語の魅力を伝え合う―

学習活動	指導のポイント

> ### 「大造じいさんとガン」の魅力を伝え合おう

まず、この物語の内容の魅力を伝え合いましょう。

C 物語全体が1年ごとに描かれていて、大造じいさんと残雪の戦いがどうなるのかハラハラしながら読んだ。物語のストーリーが魅力的だったよ。

C 残雪がかっこよく描かれているよね。「残雪の目には人間もハヤブサもありませんでした。」という文から、仲間を助ける頭領としての姿に感動したよ。

C 大造じいさんが手をのばしても、じたばたさわがなかった。そういう残雪のプライドが物語の魅力の1つだと思う。

C 「小さな小屋をみとめました。」という表現からも、残雪の頭領としての油断のなさが感じられるよ。

☞ Point
まずは、内容に着目して考えます。内容の魅力としては、物語全体の展開、大造じいさんと残雪の「人物像」、大造じいさんの「心情」の変化などが挙げられます。

☞ Point
なぜ「小屋」にあえて「小さな」をつけているのか。「みつけました」ではなく「みとめました」なのか。こういった表現に着目することで残雪の様子を捉えることができます。

残雪の存在も魅力の1つですね。魅力があるのは、残雪だけでしょうか?

C 大造じいさんの人物像も魅力があると思う。卑怯なやり方で残雪を撃たなかった大造じいさんの行動に感動したよ。

C 残雪を「ただの鳥ではない」と認めて、「英雄」と呼んだよね。大造じいさんの残雪への見方が大きく変わっている。そういう大造じいさんの清々しい感じが好きだな。

C 最後に「また堂々と戦おうじゃあないか。」と残雪に呼びかけている。ここからも、大造じいさんの正々堂々と戦いたいというプライドが感じられるよね。

C ということは、この物語の魅力は大造じいさんの人物像と残雪との関係の変化にあると思う。

☞ Point
大造じいさんの「人物像」を捉えます。この物語の魅力の1つは、大造じいさんの「人物像」と残雪との関係の変化です。ここからも、物語の「テーマ・全体像」に迫ることができます。

そうですね。では、印象に残っている言葉や表現はありますか?

C この物語は、情景がとても印象に残っている。「東の空が真っ赤

☞ Point
次に、表現に着目して、物語の魅力を考えます。子どもたちは、情景の素晴らしさに気付くでしょ

180

に燃えて、朝が来ました。」という情景は、大造じいさんの張り詰める心情が伝わってきて、印象に残ったよ。

C　そのときに、「真っ赤」という「色ことば」もあるよね。「真っ赤」だから、大造じいさんの情熱が感じられるよね。

C　大造じいさんは赤、残雪は白という色のイメージだよね。

C　「いつまでも、いつまでも、見守っていました。」というくり返しと複合語からも、大造じいさんの満ち足りた心情や優しさが表されていて、印象に残っているよ。

大造じいさんの人物像の魅力は、そういう表現のよさがあるからこそ感じられるのですね。

C　最後の場面の「快い羽音一番、一直線に空へ飛び上がりました。」という文が清々しいイメージでいいなと思った。

C　短い文で表現されている山場の臨場感が魅力的だよね。

C　「残雪です。」という一文が心に残っているよ。現在形で書かれていて、仲間を助けにきた残雪の様子が伝わってくるね。

C　「残雪です。」は、物語全体が緊迫しているような感じがした。

C　「感嘆」「大群」「会心」「花弁」などの言葉も、その時代らしい言葉でいいと思うな。

内容と表現に着目して物語の魅力を話し合いましたね。次の時間は、その魅力をもとに、この物語から受け取るテーマをまとめましょう。

う。情景には、色ことばや比喩も含まれています。また、くり返しや複合語など、表現のスイッチごとに価値付けるようにしましょう。

☞Point
人物像などの内容の魅力を感じられたのも、表現の素晴らしさがあってこそです。内容を支える表現（情景、色ことば、一文の長さ、漢語調など）の魅力を感じられるようにします。

5年
「大造じいさんとガン」

❻　今後の教材につながるスイッチ

スイッチ	つながる教材
山場と結末	「帰り道」（6年）→「海の命」（6年）
心情	「帰り道」（6年）→「ぼくのブック・ウーマン」（6年）など
関係と役割	「帰り道」（6年）→「ぼくのブック・ウーマン」（6年）など
テーマ・全体像	「ぼくのブック・ウーマン」（6年）→「海の命」（6年）
人物像	「帰り道」（6年）→「ぼくのブック・ウーマン」（6年）
作者（訳者）と出典	「やまなし」（6年）→「ぼくのブック・ウーマン」（6年）など

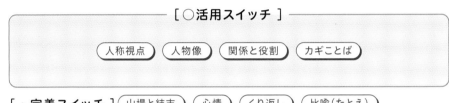

「帰り道」

6年

❶ 単元の目標

　律と周也の視点で書かれた話を比べたり関係付けたりしながら人物像や相互関係を捉え、印象に残ったことについて自分の考えをまとめることができる。

❷ 本単元で働かせるスイッチ

――――――――[○活用スイッチ]――――――――

（人称視点）　（人物像）　（関係と役割）　（カギことば）

[・定着スイッチ] （山場と結末）　（心情）　（くり返し）　（比喩（たとえ））

❸ 教材の特徴とスイッチ

　「帰り道」は、森絵都さんが教科書のために書き下ろした作品です。帰り道に起きた同じ出来事について、タイプの異なる律と周也それぞれの視点から語られているのが特徴的です。律の心の中、周也の心の中を知ることができるのは私たち読者だけです。子どもたちも、二人の心のすれ違いや通い合いに共感しながら読み進めることができるでしょう。

▶ **律と周也、それぞれの「視点」で語られている構成**

　「1」では律、「2」では周也の（視点）から描かれて全体が構成されています。これまでにも「ずうっと、ずっと、大すきだよ」や「スワンレイクのほとりで」など一人称視点の物語を読むことはありましたが、「視点」という学習用語が教科書に出てくるのは初めてです。

　この物語の魅力は、律と周也それぞれの（視点）で描かれた物語を読むことによって2人の人物像や関係、内面やすれ違いを豊かに読めることです。「片方しかなかったらどんな印象を受けるか」という読者としての声を大事にしながら、授業を進めるとよいでしょう。

▶ 対比的に描かれる「人物像」の異なる二人

律と周也はタイプの異なる真反対の人物として描かれていますが、自分にないものを持っている相手のことをうらやましく思っていることは共通しています。

人物	自分をどう思っているか	相手に対しての印象や思い
律	自分が思っていることをうまく言葉にできず、周囲から遅れてしまう自分をもどかしく思っている。	どんなこともテンポよく乗り越える活発な子。ここ数年で背丈も高くなり、たのもしくなった。
周也	沈黙が苦手で、焦って言わなくていいことも言ってしまう。自身の言葉は軽く、相手の言葉も受け止められないと思っている。	自分にはない落ち着きがあり、いつだってマイペースな律がうらやましい。

文章中の言葉に着目しながら、それぞれの登場人物は自分のことをどう思っているのか、相手のことをどう思っているのか。また、読者は2人をどんな人物だと思うのか。「視点」を整理しながら、対比的に描かれている（人物像）を捉え自分が思う（人物像）と相手が思う自分の（人物像）がずれていることに気付くことができるような学習にしましょう。

▶ それぞれの人物を象徴する「カギことば」

律は思っていることをうまく言葉にできない人物として描かれていますが、そんな律を表す（カギことば）が「みぞおち」です。言葉が出ずに、考え込んでしまうとき、周也とのわだかまりがあることを表すときに「みぞおち」という言葉を使って律の心情が表現されています。対して周也の言葉の軽さを表しているのが「ピンポン（球）」です。母から言われたこの言葉が頭に残り、受け止めることができないことを自分自身も気にしています。

しかし、物語の終盤で天気雨に打たれこれまでの微妙な関係が解消されると、律のみぞおちの異物は消えていきます。そして、周也は律の言葉を受け止められたかもしれないと感じています。こういった（カギことば）に注目することで、それぞれの人物の変化を豊かに読むことできます。

④ 単元計画（全5時間）

時	学習活動	習得／活用スイッチ
1	○教材「帰り道」を読み、学習の見通しをもつ。 ・「視点」という用語を押さえ、律と周也のそれぞれの捉え方を確かめる。	人称視点
2	○律と周也の人物像を考え、交流する。	人物像
3	○律と周也の心情や関係の変化を考える。	関係と役割 カギことば
4	○「1」と「2」に分けて書かれていることの効果を考え、話し合う。	人称視点
5	○物語の印象に残ったことをまとめ、学習を振り返る。	

⑤ スイッチを働かせた授業の姿

［3時間目］　—　カギことば に着目し、 関係と役割 の変化を考える—

学習活動	指導のポイント

律と周也の関係の変化を考えよう

前の時間では、律と周也の人物像を考えましたね。律は周也のことをどう思っていますか？

C　律は、周也をどんなこともテンポよく乗り越えて進んでいくと思っている。

C　ここ数年で背も伸びてたくましくなっている周也を、うらやましく感じていると思う。

C　律は置いていかれている、ついていけないって思っている。

C　二人の距離も歩道橋の所では三歩以上離れていて、律が後ろをついて行っているよね。周也との距離が、心の距離のように感じられるよ。

反対に、周也は律のことをどう思っていますか？

☞ Point
関係と役割 を働かせ、2人の距離は天気雨前までどんどん離れていることが読み取れます。「離れているのは実際の距離だけかな」と問いかけ、心の距離にも目を向けられるようにしましょう。

☞ Point
律と周也は、「人物像」が正反対

C　周也は沈黙が苦手でどんどん話をしてしまうけれど、律はいつ
　　でもマイペースで変わらない。
C　歩道橋で距離が離れているときも「ぼくにはない落ち着きっぷ
　　り」と書いてあるから、うらやましく思っているんだろうね。
C　そんな二人を大きく変えたのが天気雨だったよね。
C　周也は天気雨が降ってきたとき、雨を「無数の白い球みたい」と
　　比喩を使って表現しているね。

に描かれています。しかし、お
互いが相手のことを自分にはな
いものをもっているためうらやま
しく思っています。その共通点
を捉えられるようにしましょう。

**では、どうして周也には雨が「無数の白い球みた
い」にうつったのでしょうか?**

C　周也は、ずっとピンポン球のことばかり考えていたからだよ。
C　母親に「ピンポンの壁打ちといっしょ。」と言われたことを、歩
　　きながらずっと考えていたものね。ピンポンは「カギことば」だよ。
C　「ぼくの言葉は軽すぎる。」と周也は気にしているよ。
C　でも、最後には「ぼくは初めて、律の言葉をちゃんと受け止め
　　られたのかもしれない。」と思っているね。

**周也の「カギことば」はピンポンですね。では律は
どうでしょうか?**

C　「みぞおち」という言葉がくり返し出てくるよ。
C　「みぞおちの辺りにずきっとささった。」から、律も自分の性格
　　のことを気にしているね。
C　それが、天気雨の後に「みぞおちの異物は消えていった。」と書
　　かれているよ。律のカギことばは「みぞおち」だね。
C　そして、「いこっか。」「うん。」で二人は歩き出した。律と周也の
　　関係がよくなったよね。

☞Point
これまでの学習を生かして、
カギことば を捉えましょう。そ
の カギことば は、律と周也の
「人物像」を表しています。

6年
「帰り道」

**そうですね。その「いこっか。」ですが、律と周也
のどちらが言った言葉なのでしょうか?**

C　律だと思う。だって、律は自分の思いを言葉にできるようになっ
　　たから、先に「いこっか。」と言ったんだよ。
C　律は「分かってもらえた気がした。」と書いてあるから、先に
　　「いこっか。」と言ったんだよ。
C　それに、周也は律の言葉を受け止められたかもと感じている。だ
　　から、「いこっか。」は律で「うん。」は周也だよ。

☞Point
この物語における大きな変化は、
律が思いを言葉にできるように
なり、周也は言葉を受け止めら
れるようになったことです。この
ように考えると、律が「いこっ
か。」と言葉を発し、周也が「う
ん。」と受け止めたと考えるのが
よいでしょう。

C　今までと律と周也の関係が違うよね。ここから2人の関係は変わっていきそうだね。

「いこっか。」というたった一言から、2人の関係とその変化を捉えることができるのですね。

[4時間目]　―（視点）に着目し、物語の構成の効果を考える―

学習活動	指導のポイント

律と周也、2つの視点があるよさを考えよう

「スワンレイクのほとりで」と「たずねびと」は、「わたし」の視点から書かれた物語でしたね。こういう作品のよさはどんなところでしょうか？

C　「スワンレイクのほとりで」は、「歌」の気持ちやグレンへの思いが詳しく書かれていて分かりやすかった。

C　「たずねびと」も「わたし」の視点から書かれた話だったから、心情が読み取りやすかった。

☞Point
人称視点という学習用語を振り返るために、これまでに読んだ自分の（視点）（一人称視点）で書かれた物語のよさを振り返っておきましょう。

今回は律と周也、2人の視点から書かれていましたね。この物語にはどんなよさがありますか？

C　律と周也、それぞれの視点で書かれているから、2人がどんなことを考えていたのかよく分かったな。

C　周也の視点の最初に「どんなに必死で話題をふっても、律はうんともすんとも言わない。背中に感じる気配は冷たくなるばかり。」という言葉から、周也の焦る気持ちや必死さが伝わってくるよね。

C　律はまるで何もなかったかのように振る舞う周也に対して、律は、引きずっているのは自分だけなんだと思っている。本当は周也も引きずっていたのにね。

☞Point
①律から見た周也、周也から見た律
②それぞれが思う自分自身
③読者から見た律と周也
の（視点）をふまえながら、話し合いを進めましょう。

そんな正反対のような二人に共通するところはありませんか？

☞Point
2つの（視点）を読み比べ、お互いが自分の短所は相手が長所だと捉えていることに気付けるようにしましょう。

C　お互い自分が短所だって思っているところが、相手にとっては自分にはないものだって思っているよね。

C　自分にとっての短所が、相手にとって長所のように捉えられているのがおもしろいな。

C　2人は正反対の人物のようだけど、実は相手のことをうらやましく思っているところが共通しているね。

 みんなは律視点から読みましたが、律視点を読んだ後、周也はどんな人物だという印象を受けましたか？

C　野球をやっている活発でやんちゃな子という印象。

C　せっかちで、ずっとぺらぺら一人でしゃべっているから、自分勝手という印象を受けたな。

 それが、周也視点を読んで、その印象は変わりましたか？

C　実は周也も沈黙にたえられなくて、焦ってぺらぺらと話していたことが分かったよね。周也も気にしてにしていたんだよね。

C　実は自分勝手というわけではなかったし、繊細な一面もあることが分かったよ。

C　二人がすれ違っていることが分かるのは読者だけだ。そこが2つの視点がある「帰り道」のおもしろさだよね。

 2つの視点があるよさを考えながら、この物語のおもしろさも考えられていますね。

☞ Point
おそらく多くは教科書に掲載されている律から読んでいくと思います。初読の段階で律視点だけ読み、「周也ってどんな子だって思った？」と周也の「人物像」を想像してもよいでしょう。

☞ Point
人物像は一面的ではなく、多面的に読むことで一層深まっていくということを子どもの言葉で振り返ることができると、日常生活にも生きてくることでしょう。

6年 「帰り道」

6 今後の教材につながるスイッチ

スイッチ	つながる教材
人称視点	「ぼくのブック・ウーマン」（6年）
関係と役割	「ぼくのブック・ウーマン」（6年）→「海の命」（6年）
人物像	「ぼくのブック・ウーマン」（6年）

「やまなし」

❶ 単元の目標

　比喩や色彩表現などの表現の工夫に着目し、2つの場面を比べながら作品の世界を想像し、作者が題名や作品にこめた思いについて考えを伝え合うことができる。

❷ 本単元で働かせるスイッチ

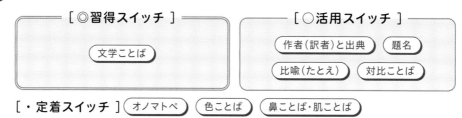

[◎習得スイッチ]

文学ことば

[○活用スイッチ]

作者（訳者）と出典　　題名

比喩（たとえ）　　対比ことば

[・定着スイッチ]　オノマトペ　　色ことば　　鼻ことば・肌ことば

❸ 教材の特徴とスイッチ

　「やまなし」の 作者 は宮沢賢治です。大正12年に「岩手毎日新聞」に童話として発表されました。宮沢賢治独特のオノマトペがふんだんに使われており、「クラムボン」とは何か、作者は何を伝えようとしているのかなど、子どもたちはもちろん、大人にとっても難解なこの作品。しかし、スイッチを働かせ、作者の描こうとしていた世界を読み味わうことができると、子どもたちにとっても学びがいがあり、達成感のある学習ができることでしょう。

▶ 宮沢賢治作品特有の「文学ことば」

　クラムボンってなんでしょう。「かぷかぷ笑う」って、どんな風に笑うのでしょう。宮沢賢治の作品は、独特の造語やオノマトペが多いことでも有名です。『宮沢賢治のオノマトペ集』（ちくま書房）という本が出版されているほどです。こういった独特の造語やオノマトペ、比喩といった 文学ことば に立ち止まると、様子や場面をより具体的に想像することを楽しめます。これまでの物語文の学習では、登場人物の心情を考えることが多かったのですが、この単元では 文学ことば をもとに、作品世界を味わいましょう。

▶ 五月と十二月の対比的な描かれ方―「色ことば」「比喩（たとえ）」「対比ことば」―

> 小さな谷川の底を写した、二枚の青い幻灯です。

　このような書き出しから始まる物語は、五月と十二月のかにの兄弟や親子のやりとりを中心に描きながらも、季節の異なる「二枚の青い幻灯」が対比的に描かれています。２年生の「お手紙」や４年生の「一つの花」で習得した （対比ことば） のスイッチを働かせて、（１）かにの兄弟の心情や様子（２）上から落ちてきたもの（３）時間帯（４）使われている （色ことば） や （比喩（たとえ）） 等、自分で視点を決めて比べながら読み進めたいですね。

　五月と十二月を対比してみると、５月は暗い （色ことば） や「コンパスのように」「鉄砲玉のような」といったやや怖い （比喩（たとえ）） が多用されています。対して十二月は、「にじ」「金雲母」などのきれいな （色ことば） や「金剛石の粉をはいているように」「おどるように」といった明るいイメージを抱く （比喩（たとえ）） が続いていることに気付くでしょう。こういった （対比ことば） に着目し、違いに着目することが、作者が「やまなし」という作品を通して描こうとしていた世界観を捉えることにつながります。

▶ 「やまなし」という中心的事物が「題名」になっていること

　物語では、十二月の後半部でしか出てこない「やまなし」が （題名） になっています。子どもたちから「だったら五月に出てくるかわせみやクラムボンだっていい」という声が聞こえてくるかもしれません。ここでも （対比ことば） のスイッチを働かせ、上から落ちてきたものを比べてみましょう。五月では「かわせみ」によって恐怖がもたらされ、死を目の当たりにすることになります。しかし、十二月の「やまなし」はかにの親子にとって喜びや未来への希望を抱くきっかけのような存在となっています。資料「イーハトーブの夢」も関連させながら、作者はどんな理想を抱いていたのかを読み取りましょう。すると作者が「やまなし」という中心的事物を （題名） にした思いや願い、そして物語におけるやまなしが生や希望の象徴であることに気付けるはずです。

④ 単元計画（全8時間）

時	学習活動	習得／活用スイッチ
1	○教材「やまなし」を読み、学習の見通しをもつ。 ・印象や感想を交流する。	作者（訳者）と出典
2〜4	○教材「やまなし」の世界を捉える。 ・二枚の青い幻灯に描かれた谷川の風景が分かる言葉や文を探す。（2時間目） ・「五月」と「十二月」の場面の様子をまとめる。（3時間目） ・「五月」と「十二月」の2枚の幻灯を比べて話し合う。 （4時間目）	文学ことば 比喩（たとえ） 対比ことば
5	○資料「イーハトーブの夢」を読み、作者である宮澤賢治の生き方や考え方を知る。	作者（訳者）と出典
6	○「やまなし」が題名になっている理由を考え、友達と話し合う。	題名
7・8	○作者が作品に込めた思いを考える。 ・作品に込めた思いをまとめる。（7時間目） ・友達と文章を読み合い、学習を振り返る。（8時間目）	

⑤ スイッチを働かせた授業の姿

[4時間目] ── 文学ことば 比喩（たとえ） 対比ことば に着目し、二枚の幻灯を比べて読む──

学習活動	指導のポイント

五月と十二月の二枚の幻灯を比べよう

C 五月は時間帯が朝から昼ぐらいだよね。でも十二月は夜から明け方前ぐらいじゃないかな。

C 五月と十二月とでは季節も違うよね。五月は暖かい春、十二月は寒い冬というイメージだね。夜や明け方は特に暗いよね。

C ぼくは使われている色に注目したよ。五月は黒や青など暗い色や「そいつの目が赤かったかい。」という表現があるよね。五月と比べると、十二月は金や虹など明るい色が多いと思ったな。

☞ Point
前時までにまとめた絵や図をもとに、2つの場面を比べる子が出てくるでしょう。そんな絵や図を黒板に貼って全体に紹介し、教材として活用するのも効果的です。

五月で使われている赤色からどんなものをイメージしますか？

C　魚を食べたかわせみの目は赤だったよね。なんだか血をイメージさせて、怖くなるよ。

C　実際に魚の命がなくなっているから死を連想するね。

落ちてきたもの、使われている比喩やオノマトペで2つの場面を比べてみるとどうですか?

C　上から落ちてきたものは五月がかわせみで、十二月がやまなしだったね。かわせみとやまなしは、対比ことばとして表現されているね。

C　五月は「ぎらぎら」「くちゃくちゃ」「ぶるぶる」など少し怖い感じのオノマトペが多いかな。

C　十二月の「きらきら」「ゆらゆら」は、平和な感じだね。「もかもか」「ぼかぼか」もきっと明るい感じなんじゃないかな。

C　五月は「コンパスのように」「鉄砲玉のような」「鋼のような」という比喩が使われている。おそろしい感じがするね。

C　でも、十二月は「おどるように」「金剛石の粉をはいているよう」という比喩があるね。明るくて楽しい感じが伝わってくるよ。

C　「月光のにじ」というのも、美しい表現だよね。幻想的な感じがする。

C　五月の比喩はどこか怖い印象を受けるけれど、十二月の比喩はきれいで美しい感じがするね。対比して描かれているね。

比喩を対比したり、賢治さん独特の言葉に立ち止まって考えられましたね。では、五月、十二月はそれぞれどんな幻灯といえるでしょうか?

C　五月は、かわせみがやってきて魚の命が奪われたから、全体的に暗くて怖いという印象を受けるな。

C　最後の「白いかばの花びらが天井をたくさんすべってきました。」というのは、魚のお葬式のようだね。五月は暗く、死を想像する場面だね。

C　十二月は明るくて、やまなしがお酒になるのを楽しみに穴に戻っている。最後も金という色が出てきて終わっているね。

C　十二月は、やまなしによって幸せや希望がもたらされているね。

C　五月と十二月を比べてみると、五月で怖かったり辛かったりという経験をしたけれど、十二月にはワクワクしたり、未来に明

☞Point
「オノマトペ」 比喩 など五月と十二月を対比して場面の様子を想像します。宮沢賢治独特の 文学ことば が出された場合は、ぜひ立ち止まり、そこから受ける印象を話し合いたいですね。

☞Point
五月の中にも明るい色や表現はあり、十二月に暗い色や表現はあります。あくまでも全体から受ける印象として押さえるとよいでしょう。

6年
「やまなし」

☞Point
次の時間に、資料「イーハトーブの夢」を読みます。宮沢賢治は、自然災害や大事な妹の死など辛い経験をしますが、「苦しい中でも未来に希望をもつ」という考え方が教科書に紹介されています。そんな考え方と「やまなし」がつながるような学習にしましょう。

るい希望をもって生活したりしている感じがするよ。

[6時間目] ―「やまなしの」 (題名) に込められた思いを考える―

学習活動	指導のポイント

> ### なぜ、作者は「やまなし」を題名にしたのだろう

 題名が「クラムボン」でもいいという意見がありました。どうしてそう考えましたか？

C 初めて読んだとき、に五月に出てくる「クラムボンってなんだろう」ということが気になったから。

C 「やまなし」も十二月にしか出てこないよ。「クラムボン」や「かわせみ」も五月にしか出てきていないので、「クラムボン」でも「かわせみ」でもいいと思う。

☞Point
子どもたちが (題名) に着目していない場合は、「(題名) はクラムボンでもいいんじゃないですか」など子どもたちの思考を揺さぶるような導入の工夫をしましょう。

 今までに読んだ物語で、このように「もの」が題名になっている物語はありましたか？

C 「お手紙」や「モチモチの木」がそうかな。

C 「白いぼうし」では、白いぼうしをつまみ上げたことから女の子がタクシーに乗ってきて、話が大きく展開していったよね。

C やっぱり、どれも物語の中心的なものだったから題名になっているのも納得だよね。

☞Point
これまでに読んだ物語の (題名) を想起します。「お手紙」や「白いぼうし」などは、何をめぐって物語が展開するか見通しをもつことができましたね。

 では、十二月にしか出てきていない「やまなし」が題名になっているのはどうしてでしょうか？

C やまなしが落ちてきて、川底の世界は優しいイメージになっているからだと思うな。

C 十二月は「ラムネのびんの月光」や「青白い火」など明るい色が使われていた。そして「やまなし」が落ちて、さらに川底が明るくなっているようだ。

C 「月光のにじがもかもか集まりました。」と書いてある。やまなしが落ちて平和な世界を感じるよ。

C 「やまなしのいいにおいでいっぱいでした。」とやまなしの香りに包まれている。

☞Point
やまなしが落ちてきて川底の世界は変化します。「色ことば」「鼻ことば」「比喩」「オノマトペ」などに着目し、やまなしが川底やかにの親子にもたらしたものを想像できるようにしましょう。

C 「そのとき、トブン。」は独特のオノマトペだよね。やまなしが、かにたちに幸せをもたらす特別なものという感じがする。

では、五月のかわせみが飛び込んできたときは、どうだったでしょうか？

C かわせみは川底に恐怖と死をもたらしたよね。「そのときです。」から、一気に怖い世界になった。

C かわせみとやまなしの存在は正反対だよ。

C やまなしによって、かにの親子は幸せになっているよ。やまなしは、希望のようなものなんだよ。

C やまなしは、十二月の明るい平和を表すものだから、宮沢賢治は題名にしたと思うよ。

☞Point
五月のかわせみは、川底とかにの兄弟に恐怖と死をもたらしました。かわせみとやまなしは、「対比ことば」として描かれています。そこからも宮沢賢治がやまなしを (題名) にした思いを想像することができるはずです。

ですが、やまなしも落ちたということは、死を想像するのではないですか？

C やまなしも木から落ちるという意味では死だけれど、喜びや希望をもたらしているといえそうだ。

C やまなしは、「与えるための死」だといえるよ。

C 宮沢賢治さんの生き方は、やまなしと似ているようだね。

C 物語におけるやまなしは、宮沢賢治さんが理想とした生き方そのものだったと思う。

☞Point
5時間目に読んだ「イーハトーブの夢」を想起し、やまなしと宮沢賢治とも結びつけて考えるとよいでしょう。

題名に込められた思いを自分たちなりに想像することができましたね。では、次の時間は宮沢賢治さんがこの作品に込めた思いについて考えましょう。

6 今後の教材につながるスイッチ

スイッチ	つながる教材
(作者（訳者）と出典)	「ぼくのブック・ウーマン」（6年）→「海の命」（6年）
(題名)	「ぼくのブック・ウーマン」（6年）→「海の命」（6年）
(文学ことば)	「海の命」（6年）

「ぼくのブック・ウーマン」

6年

❶ 単元の目標

　人物像や物語の全体像を具体的に想像したり、表現の効果を考えたりしながら物語を読み、自分の考えをまとめることができる。

❷ 本単元で働かせるスイッチ

――――――――――［ ○活用スイッチ ］――――――――――

作者（訳者）と出典　　時と場　　関係と役割　　題名

心情　　テーマ・全体像　　人物像

［ ・定着スイッチ ］　人称視点　　挿絵

❸ 教材の特徴とスイッチ

　「ぼくのブック・ウーマン」は、1930年代の米国に実在した「行動する女性図書館員」をモデルとして作られた物語です。子どもたちは今では学校や図書館で本を読むことは日常生活の一部として当たり前のこととなっていますが、それができない時代や場所があったという物語の背景があります。

　本が読めない主人公カルの変容、そしてその変容を支える温かい家族の関わりが印象的です。カルの変容には多くの人の支えがありました。その人たちの関わり方にふれることを通して、間もなく卒業を控える6年生が、自身の生活や読書経験を振り返る機会となるとよいでしょう。

▶「作者」はアメリカの作家、「訳者」によって翻訳された作品は2年生「お手紙」以来

　この物語の　作者　はヘザー＝ヘンソンさんです。それを藤原宏之さんが翻訳した作品です。翻訳作品は1年生の「ずうっと、ずっと、大すきだよ」（ハンス＝ウイルヘルム作、久山太一訳）、2年生の「スイミー」（レオ＝レオニ作、谷川俊太郎訳）、そして「お手紙」（アーノルド＝ローベル作、三木卓訳）となります。「この本、読もう」というコーナーでも翻訳作品が紹介されています。本単元の学習を

きっかけに、翻訳作品を読んでみようという意欲が高まることを期待しています。

▶ 設定を理解し、場面を想像しながら「時と場」の距離を埋める

　戦争教材を学習する際、子どもたちとの距離をどのように埋めるかが話題になることがあります。それは子どもたちが戦争を経験したことがなく、物語の叙述のみを頼りに場面や人物の心情を想像することが難しいからです。

　「ぼくのブック・ウーマン」も、毎日学校に通い、学区や学校内に図書館が当たり前のようにある子どもたちからすると、やや距離が遠い物語です。子どもたちがこれまでに読んできた作品と違い、実在した人物（女性図書館員）をモデルにした物語であり、他にも時代背景や場所など物語を包みこむ　大きな時と場　をしっかりと理解しないと作品と子どもたちの距離は埋まらないでしょう。そういった背景を捉えた上で、厳しい環境の中でも献身的に本を届けようとしたブック・ウーマン、その気持ちに応えて本を読むことができるようになったカルの変容、そしてカルを支えた家族の温かさを読み深めていきましょう。

▶ 大きく変容するカルの「心情」に注目し、物語の「テーマ・全体像」を想像する

　この物語は、主人公カルの視点で書かれています。「帰り道」の学習で一人称視点の物語を読んでいるので、学習のつながりを感じやすいかもしれません。

　カルの　心情　は物語の中で大きく変容します。その変容こそが、物語全体の　テーマ・全体像　と深く関わってくるのです。カルは、物語前半で文字に対して「ニワトリの引っかいたあとみたいな」という印象を抱いています。カルとは対照的に本が大好きな妹ラークに対しても「ひまさえあれば、鼻をくっつけるようにして、一日中本ばかり読んでいる」と評し、肯定的な印象を抱いてはいません。しかし、雨の日も霧の日も、凍えそうに寒い日も本を届けにきてくれるブック・ウーマンの姿や勇気に心を打たれ、カルの　心情　は少しずつ変化していきます。そして、ついにカルは本を手に取ってみることを決心します。カルに大きな影響を与えたブック・ウーマン。その　関係と役割　に目を向けましょう。単元の後半ではこうしたカルの変容、そしてその変容を生んだきっかけに着目しながら、物語の　テーマ・全体像　を読み取ることができるとよいでしょう。

6年
「ぼくのブック・ウーマン」

195

④ 単元計画（全4時間）

時	学習活動	習得／活用スイッチ
1	○教材「ぼくのブックウーマン」を読み、学習の見通しをもつ。 ・物語の設定（時代や背景、登場人物や人称視点など）を確認する。	作者（訳者）と出典 時と場
2	○登場人物の関係の変化から、題名について考える。	関係と役割 人物像　題名
3	○カルの本への見方や心情の変化を考える。	心情
4	○物語のテーマ・全体像をまとめ、学習を振り返る。	テーマ・全体像

⑤ スイッチを働かせた授業の姿

[2時間目] — 人物像 を捉えながら 関係と役割 を考え、 題名 の意味を見いだす—

学習活動	指導のポイント

カルと登場人物の関係を読み取り、題名について考えよう

 カルの家族がどんな人か読み取れる言葉はありますか？

C　生活は決して豊かではないけれど、お父さんはラークのために、「本一冊と、キイチゴーふくろだ。」と交換を提案する。お客さんを温かくもてなしているところからも、心優しい人だと思う。

C　お母さんも温かい人だと思うな。「自分のできるただ一つのプレゼントをした。」と、できる限りのことを精一杯しているから子ども思いの素敵なお母さんだね。

C　妹のラークは「ひまさえあれば、鼻をくっつけるようにして、一日中、本ばかり読んでいる。」とあるから、よっぽどの本好きだっていうことが分かるね。

C　ブック・ウーマンが初めて本を持ってきたときも、ラークは「まるで金のかたまりを見るように」「思わず手をのばして、その宝物をつかもうとしていた。」と比喩を使って書いてあるから、本を宝物のように感じていることが分かるよ。

☞Point
人物像 を働かせる発問です。巻末の「言葉の宝箱」に、「人物を表すことば」もいくつか紹介されています。「優しい」「勇気がある」などの言葉は「どんな言葉に言い換えられそうかな。」などと促して語彙の拡充をはかりましょう。

カルは、ラークとどのような関係でしょうか？

C 「ぼくは、ちゃんと家族のために役立っている。」と書いてある
よね。だから、ラークのことをよく思っていないよね。

C ラークが勉強を教えることを思いついたときにも「生徒になる
なんてまっぴらだ。」とあるから、自分はラークよりも立場が上
だという気持ちなのかもしれないね。

C でも、ラークはカルが文字と絵のある本を選んで「何て書いて
あるか、教えて。」と言ったときに「笑いもしなければ、からか
いもしなかった。」と書いてあるよ。

C カルが本を読めるようになったのはラークの存在が大きいと思
うから、ラークは先生のような存在だね。

☞**Point**
次に妹のラークの 関係 を捉え
ます。ラークとの 関係 も物語
が進むにつれて変わることに気
付けるようにしましょう。

 **では、カルとブック・ウーマンとは、どんな関係な
のでしょうか？**

C 本を「ぼくにとってはまるっきり宝物なんかじゃない。」と言っ
ているから、ブック・ウーマンへの印象はよくないよね。

C 「なんてむだなことをするのだろう」とカルは思っている。カル
は、ブック・ウーマンのことを嫌っているよ。

C 馬のことは、「なんと勇ましいんだろう。」と思っているけれど、
ブック・ウーマンのことは「あの人」「女の人」と呼んでいる。
冷たい感じがするな。

C それが、3場面では「ブック・ウーマン」と呼んでいるよ。

C 「ぼくも、何かプレゼントできればいいんだけどー。」と、カル
はブック・ウーマンに心を開いたんだ。

☞**Point**
最初、カルのブック・ウーマン
への印象がよくないことは、「女
の人」という呼び方からも分かり
ます。それが、3場面では、
「ブック・ウーマン」になってい
ることから、カルの見方が変
わったことが捉えられます。名
前の呼び方で 関係 や「心情」
が変わることは4年「ごんぎつ
ね」や5年「大造じいさんとガン」
を想起するとよいでしょう。

 では、どうしてカルは変わったのでしょうか？

C ブック・ウーマンを勇気がある人だと気付いたからだよ。

C 吹雪の日にも、ブック・ウーマンは本を届けに来て、「ここに
やって来る訳を、どうしても知りたくなった。」という心情が芽
生えたからだよ。

C 「ぼくは、その女の人、ブック・ウーマンが去っていくのを、し
ばらく見つめていた。」と書いてあるよね。ここでカルの心情は

☞**Point**
カルの変容の理由を考えます。
呼び方が「女の人」から「ブッ
ク・ウーマン」へ変わったことか
ら次の 題名 への発問に導きま
しょう。

大きく変わっているよ。

C 「ぼくの頭の中をぐるぐる回った。まるで、外で風に舞っている雪のように——。」は比喩だよね。カルは、ブック・ウーマンのことを真剣に考えているよ。

C カルは、ここではじめて「ブック・ウーマン」と呼んでいる。題名にもつながるよ。

 では、題名はどうして「ぼくのブック・ウーマン」なのでしょう？

C 「ぼくの」というところがポイントだよね。それだけカルが、ブック・ウーマンのことを大切に思っているんだ。

C 自分を変えてくれたブック・ウーマンへの思いが「の」に込められているよ。

C カルにとってブック・ウーマンが、どれだけかけがえのない存在になったのか分かるよね。

 カルとブック・ウーマンへの関係の変化は題名の意味を考えることにもつながるのですね。

☞Point
(題名)の「ぼくの」に着目すると、カルのブック・ウーマンへの思いが込められていることが分かります。(題名)を「ぼくとブック・ウーマン」にして、比べて考えるのもよいでしょう。「みきのたからもの」「スーホの白い馬」「海の命」。「の」には重要な意味がある場合が多いですね。

[3時間目] —カルの本への見方や(心情)の変化を捉える。—

学習活動	指導のポイント

カルは、物語全体を通して何が変わったのだろう

 カルは登場人物との関わりの中で、何が変わっていったでしょうか？

C 本を読めるようになったことが大きな変化だと思う。

C 「ニワトリの引っかいたあとみたいな文字をにらんで、じっとしているのはがまんできない」と書いてあるから、よっぽど文字が嫌いだったんだと思う。

 文字を「見る」ではなく「にらむ」という言葉だとどういう印象を受けますか？

C 苦手なものは受け付けないぞという感じがするな。

☞Point
カルの変化（前と後）が一目で分かるような板書を工夫したいですね。
（例）

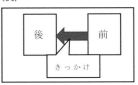

☞Point
「にらむ」のような、(心情)を読

198

C　カルは、文字を読めないから「にらむ」という表現を使ったんだ。

　ということは、カルは本に対してどんな印象を抱いているのでしょうか？

C　ブック・ウーマンが初めて本を持ってきたときも、ラークは「金のかたまりを見るように」と書かれているけれど、反対にカルは「ぼくにとっては宝物なんかじゃない。」と言っているね。

C　「まして、くだらない古びた本に使うお金なんて、ありはしない」と言っているよね。本なんて価値がないと思っている。

C　でも、最後の場面では「だきかかえていた本を」と表現されているよ。一冊の本を本当に大切だと感じているよ。

C　「だきかかえる」は複合語だよね。カルがどれだけ本を宝物のように感じているかが伝わってくるよ。

　そうですね。では、カルは本が読めるようになってどんなことが変わりましたか？

C　「家にこもりっきりの生活をしていたけれど、ぼくは気にならなかった。」と、生活がガラッと変わったことが分かるね。

C　今までは一度も自分から話しかけたことはなかったカルが「ぼくも、何かプレゼントができればいいんだけど――。」と思い切って自分の気持ちを伝えているよ。

C　カルは、ラークやブック・ウーマンと心を通い合わせることができるようになったよ。

み取れる行動の言葉に立ち止まることが重要です。これまでの学習でも積み重ねてきたように、「見る」と「にらむ」を比べることで、カルの（心情）を捉えましょう。

☞ Point
最後にカルは本を「だきかかえて」います。この複合語に立ち止まることで、カルのブック・ウーマンや本に対する見方の変容を感じ取ることができます。

☞ Point
カルは本を読めるようになり、自分の思いを素直にブック・ウーマンに伝えることもできるようになります。次の時間に、子どもたちがこの物語からどのような「テーマ・全体像」をまとめるのか楽しみですね。

6年

「ぼくのブック・ウーマン」

❻　今後の教材につながるスイッチ

スイッチ	つながる教材
心情	「海の命」（6年）
作者（訳者）と出典	「海の命」（6年）
題名	「海の命」（6年）
関係と役割	「海の命」（6年）
テーマ・全体像	「海の命」（6年）

「海の命」

6 年

❶ 単元の目標

全体像を具体的に想像しながら物語を読み、題名や登場人物の生き方について考えをまとめることができる。

❷ 本単元で働かせるスイッチ

[○活用スイッチ]

（題名）（テーマ・全体像）（山場と結末）（関係と役割）（文学ことば）（作者（訳者）と出典）

[・定着スイッチ]（会話文と地の文）（行動と表情）（心情）（挿絵）（境遇や状況）

❸ 教材の特徴とスイッチ

（作者）立松和平さんによって描かれた「海の命」は、絵本である『海のいのち』を教材化したものです。他にも、立松さんは、『川のいのち』『山のいのち』『田んぼのいのち』など、いのちに関する絵本をシリーズとして出しています。

太一はどうしてクエを打たなかったのか。どうしてそのことを誰にも話さなかったのか。山場で太一自身にどのような変化が起きたのか。物語を読み進めていくと、読者としていくつもの問いが生まれる物語だといえるでしょう。

小学校の物語文学習の集大成です。身に付けたスイッチを十分に活用して、子どもたちが自分自身の力で読み深めることができるとよいですね。

▶「山場と結末」から「テーマ・全体像」と「題名」に迫る

岩のような大魚と戦い、憧れだった父を幼い頃に失った太一。そんな太一も父と同じように漁師となり、父の亡くなった瀬で漁をしている与吉じいさに弟子入りし、腕を磨いていきます。そして太一の身を案ずる母の心配をよそに、太一は父の海にもぐり、父を破ったクエを追い求め、長年の願いを成就させます。瀬の主と対峙する太一。この場面が（山場）です。多くの子どもたちは「きっと太一が父の敵討ちをするのだろう」と思って読み進めるはずです。しかし、太一は「打たない」

200

という選択・決断をします。太一の心の中にどんな変化が生じたのでしょうか。また、クエとの一連の出来事を太一は生涯誰にも話しません。そんな太一の生き方を子どもたちはどのように感じるのでしょうか。 (山場と結末) の太一の決断や考え、生き方を考えることは、「海の命」の (テーマ・全体像) を捉え、(題名) の意味を見いだすことにつながります。

▶ 太一と父、母、与吉じいさの「関係」を捉える

上述した「打たない」という太一の決断に迫っていくには、他の登場人物との (関係と役割) を捉える必要があります。学習指導要領解説には「相互関係」と表されており、「海の命」では太一と３人の人物の (関係と役割) が描かれています。まず、太一が漁師を志すきっかけをつくった父。太一は、父の背中や生き方からどのようなことを学んでいたのでしょうか。そして、「千びきに一ぴきでいいんだ」という海で生きていく上での心得を教わった与吉じいさとの関わり。父と同じ運命を辿ることのないよう案ずる母の想い。太一を想う母の言葉を、太一はどのように受け止めていたのでしょうか。「人物」ではありませんが、瀬の主クエも物語を読み進める上で欠かすことのできない存在です。

▶ 海をめぐる特徴的な「文学ことば」

> 父もその父も、その先ずっと顔も知らない父親たちが住んでいた海に、太一もまた住んでいた。

このような書き出しから始まる物語です。「海に帰りましたか。」という言葉で与吉じいさの死を弔う様子も描かれています。「海に住む」「海に帰る」といった、この物語特有の (文学ことば)。太一が海とともに生活していることや、海が心のよりどころとなっていることを表す表現です。そんな太一は、「村一番の漁師」へと成長していきます。しかし太一は、瀬の主クエと対峙した際に「この魚をとらなければ本当の一人前の漁師にはなれない」と思います。太一が考えていた「本当の一人前の漁師」とは、どんな漁師なのでしょうか。この物語特有の (文学ことば) を理解することが、題名でもある「海の命」を考えることにもつながります。

④ 単元計画（全6時間）

時	学習活動	習得／活用スイッチ
1	○教材「海の命」を読み、学習の見通しをもつ。 ・太一の生き方について考えるという、	作者（訳者）と出典
2・3	○登場人物の関わりが太一の生き方や考え方にどのような影響を与えたのかを読み深める。 ・登場人物と太一との関わりを確かめる。（2時間目） ・太一の考え方や生き方に影響を与えた言葉や出来事を考える。（3時間目）	文学ことば 関係と役割
4・5	○山場や結末での太一の心情を想像し、物語のテーマについて考える。 ・太一が瀬の主を打たなかったわけを、話し合う。 　　　　　　　　　　　　　　　　　　　　（4時間目） ・題名でもある「海の命」とは何か考え、話し合う。（5時間目）	山場と結末 題名 全体像・テーマ
6	○それぞれの登場人物の生き方について、交流し、学習を振り返る。	

⑤ スイッチを働かせた授業の姿

［2時間目］ ― 文学ことば に着目し、太一と登場人物の 関係と役割 を捉える ―

学習活動	指導のポイント

太一の生き方に影響を与えた人物や出来事を考えよう

C　太一にとって父は憧れの存在。「おとうといっしょに海に出るんだ。」と幼い頃に言っているよね。

C　おとうは太一が漁師になるきっかけを作ったから、太一にとって存在が大きいよね。

 そんなおとうは「父もその父も・・・太一もまた住んでいた。」と書いてありますが、どういう意味でしょうか？

C　漁師として生きているっていう意味じゃないかな。

C　海の近くで生活していて、漁師として海とともに生活しているという意味だと思うよ。

☞ Point
「海に住む」「海に帰る」というのは、題名の「海の命」にもつながる 文字ことば です。こういった言葉に立ち止まり、太一の家系はずっと漁師として海で生きてきた「境遇や状況」であることを読み取れるようにしましょう。

202

C それを「海に住んでいる」と表現しているんだね。

C 太一の一家はずっと漁師だった。そして、太一もそれを当たり前のように受け継ごうとしているということが分かるね。

では、太一と与吉じいさの関係はどうでしょうか？

C 与吉じいさも、太一が漁師として成長していく上でなくてはならない存在だったんだ。

C 最初は太一は、なかなかつり糸をにぎらせてもらえなかったよ。師匠と弟子の関係だね。

C 最後の場面でも与吉じいさの「千びきに一ぴきでいい」という教えを守っていることが分かるよね。

おとうは「憧れの存在」でしたね。与吉じいさのことはどのように表現できそうですか？

C 「海で生きる技術や考え方を教えてくれた存在」かな。

C 「第二の父のような存在」だと思うな。

C 与吉じいさに弟子入りしたことは、太一が漁師として海で生きていく上で大きな出来事だったことが分かるね。

母については、物語全体で少ししか書かれていませんね。書かなくてもいいんじゃないでしょうか？

C 「母の悲しみさえも背負おうとしていた」ということは、太一はそれぐらい漁師としてたくましく成長していったことが分かる。母の存在は大切だよ。

C 「母が毎日見ている海は、いつしか太一にとって自由な世界になっていた。」とあるけれど、これは、太一が漁師として自立しているということだよね。

C 太一は、母が自分のことを心配しているのを分かっている。それでも、太一は父を破ったクエを追い求めているんだ。

そんな母は、物語の最後にどう書かれていますか？

C 「母は、おだやかで満ち足りた美しいおばあさんになった。」と書かれている。

☞Point
「千びきに一ぴき」というのは海で生きていく上での心得のようなものです。この考え方はクエを打たないという決断をしたことにもつながります。太一にとって与吉じいさは第二の父のような存在であるという（関係）に気付けるとよいでしょう。

☞Point
母に関する記述は限定的です。しかし、最後の場面にあえて母の変化が書かれており、母の幸せは太一が家族をもち、漁師として生き続けることで守られたことが読み取れます。母の変化から何が分かるのか、何を意味するのか。子どもたちと考えたいですね。

☞Point
不安だった母が、どうしておだやかで満ち足りた美しいおばあさんになったのか。山場と結末から考えたいですね。

「海の命」

C 太一のことで不安でいっぱいだった母。そんな太一への不安が
　なくなって、満ち足りたんだね。

C 太一がクエを打たなかったことを生涯でだれにも話さなかった
　のは、母を心配させたくなかったからかもしれないね。

 少ししか描かれていない母も、実は重要な登場人物
だといえそうですね。

[4・5時間目] ―（山場）での太一の決断の理由を考えることを通して、（題名）や物語
の（テーマ・全体像）について考える―

学習活動	指導のポイント

太一が瀬の主クエを打たなかったわけを考え、題名や物語のテーマについて考えよう

C 「太一はふっとほほえみ、口から銀のあぶくを出した。」という
　言葉から太一の心情を考えると、太一のこれまでの悩みや葛藤
　から解放された気がするな。

C 次は「もう一度えがおを作った。」と書いてある。自分自身で笑
　顔を作ることにより、瀬の主をとらない決断ができたんだ。

C 「おとう、ここにおられたのですか。」から、瀬の主とおとうを
　重ねることで自分の思いを押し殺したんだと思う。

C ずっと追い求めていたクエを前にして、自分がやろうとしてい
　たことは与吉じいさの「千びきに一ぴきでいい」という生き方
　に反していることに気付いたのではないかな。

C 母の存在が大きいと思う。太一は、これ以上母を悲しませたく
　ないという気持ちになったからだよ。

C 太一は、本当の「一人前の漁師」に泣きそうになるほどなりた
　かった。でも、父、与吉じいさ、母との関係や教えがあったか
　らこそ、最後に「殺さないで済んだのだ。」という決断ができた
　と思う。

☞ Point
（山場）には重要な描写がいくつ
も表現されています。それらの
複数の描写を結び付けて、総合
的に解釈することが大切です。

☞ Point
2・3時間目の読みを生かし、太
一と父、与吉じいさ、母との関
係に目を向けるようにしましょう。
3人との関係が太一を心身とも
にたくましく成長させ、最終的に
「瀬の主を打たない」という決断
を下すことにつながります。

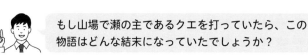 もし山場で瀬の主であるクエを打っていたら、この
物語はどんな結末になっていたでしょうか？

C おとうと同じように死んでしまっていたかもしれない。

☞ Point
「もしも～」と仮定の発問をする
ことで、最終場面に目を向けるこ
とができるでしょう。太一の命も
また受け継がれてきたものです

C　そうしたら母は最後「おだやかで満ち足りた美しいおばあさん」にはなっていないよね。

C　おとうも、顔も知らない父親もずっと海で生きてきた。その伝統が途絶えてしまうことになるよね。

C　太一は、瀬の主をとらないことで、「本当の一人前の漁師」になったんだよ。

C　それで、太一は、その後結婚して「子どもを4人育てた。」という結末になっているよね。命や教えもつながっていきそうだ。

C　与吉じいさからの教えやおとうや母から受け継いだ命。この物語は「命」がテーマな気がするな。題名は「海の命」だし。

では、題名の「海の命」とは何を表しているのでしょうか？

C　「海の命」は、海で生きる人々や海のすべての生き物のことを表していると思う。与吉じいさが亡くなったときも「父がそうであったように、与吉じいさも海に帰っていったのだ。」と書かれているよね。

C　太一のように海で生きている、そしておとうや与吉じいさのように亡くなってしまった漁師の命も「海の命」といえるね。

「海の命」はこの物語のキーワードですね。そこからどんなテーマを受け取りましたか？

C　「命のつながり」が物語のテーマになっているよ。

C　つながっているのは命だけではなくて生き方もだと思う。与吉じいさは亡くなってしまったけれど、生き方という形では太一につながっているといえるね。

C　「千びきに一ぴき」という生き方は、太一から子どもたちにも受け継がれていきそうだよね。

C　海の生き物すべてが「海の命」で、その海の命をいただいて私たちは生きているというメッセージを感じるね。

C　自分のことだけを考えるのではなく、自然とのバランスを考えないといけないというメッセージも読み取れそうだね。

題名や物語のテーマにつながるものが見えてきましたね。

が、最後「4人の子どもを育てた」という形で、次世代につながっていることも大きな意味をもちます。

☞Point
「海に住む」という冒頭の一文や「海に帰る」「海に生きる」という言葉に立ち戻り、 題名 「海の命」の意味を見いだしましょう。

☞Point
だんだんと内容が複雑になり、高度になってきます。題名である「海の命」とは何を表しているのかを考えることで、命や生き方（教え）のつながりに目を向け、作品の テーマ・全体像 に迫りましょう。

☞Point
立松和平さんの「いのちシリーズ」の絵本を読み、それらから共通して受け取る テーマ・全体像 を考える学習も展開できそうです。

おわりに

　私が教師になりたての頃、国語の授業ほど難しいものはありませんでした。とりわけやっかいだったのが物語文と説明文。物語文では、登場人物の気持ちを問うことのオンパレード。では、説明文はというと、一問一答で書いてあることを確認し、子どもたちに一方的に指示を出しては作業のような活動を強いていました。思い返すたびに恥ずかしくなる、過去の私の授業です。

　これではいけないと、教材研究を積み重ねるうちに、今まで見えなかったものが見えるようになりました。「ごんぎつね」で学んだ情景や呼称の変化は、「大造じいさんとガン」につながっていました。「じどう車くらべ」と「こまを楽しむ」は、どちらも身近な事例の順序で説明されていることが分かりました。教材と教材のつながりが見えると、いつしか「次に」が言える教師になっていました。私の授業づくりも大きく変わりました。すると、子どもの読みが一変しました。言葉に立ち止まるようになりました。「前に」が言えるようになりました。考えのずれを楽しみ、仲間との対話を求め出しました。

　「閉じられた学び」から「開かれた学び」へ。それには、授業での教師の役割が重要なことは言うまでもありません。本書ではそれを明確に示すために、執筆者にはあえて教師の発問や確認、価値付けを増やしてもらいました。理想を語れば、子どもが多くの気付きを生み出し、教師はファシリテートに徹し、子ども主体で学習を進めたいのですが、本書の性質上、スイッチの習得・活用・定着に主眼を置いているため、一問一答のような授業場面も見受けられることをご理解ください。

　企画から刊行までおよそ1年。猛暑の中、執筆者と一緒に頭をフル回転させてスイッチ系統表を作成した日々が懐かしく思い出されます。この間、東洋館出版社の西田亜希子さんには粘り強く対応していただきました。執筆された先生方、西田さん、ありがとうございました。そして、茅野政徳先生。この1年で、どれだけメールをしたことでしょうか。茅野先生のご意見すべてが私の学びとなりました。

　最後になりますが、本書が一人でも多くの先生方の手に届き、授業実践のお役に立つことを願っています。先生も、子どもも、明日が待ち遠しくなるような国語の授業。ともに創っていきましょう。

令和6年3月　櫛谷孝徳

編著者・執筆者紹介

＊所属は令和6年3月1日現在

編著者

茅野 政徳（かやの・まさのり）

山梨大学大学院 准教授

川崎市の公立小学校に勤務後、横浜国立大学教育人間科学部附属横浜小学校、
東京学芸大学附属竹早小学校を経て、2018年から現職。「創造国語の会」主催。
光村図書出版小学校国語教科書編集委員

〈編著〉
『板書で見る全単元の授業のすべて 国語 小学校3年上／下』 東洋館出版社 2020年
『指導と評価を一体化する 小学校国語実践事例集』 東洋館出版社 2021年
『「まったく書けない」子の苦手を克服！教室で使える カクトレ 低／中／高学年』 東洋館出版社 2022年
『小学校国語　教材研究ハンドブック』 東洋館出版社 2023年
『板書で見る全単元の授業のすべて 国語 小学校3年─令和6年版教科書対応─上／下』 東洋館出版社 2024年

櫛谷 孝徳（くしや・たかのり）

神奈川県・相模原市立清新小学校教諭

相模原市の公立小学校に勤務後、横浜国立大学教育人間科学部附属横浜小学校、
相模原市立麻溝小学校を経て、2022年から現職。
光村図書出版小学校国語教科書編集委員

〈編著〉
『板書で見る全単元の授業のすべて 国語 小学校3年─令和6年版教科書対応─上／下』 東洋館出版社 2024年

執筆者／執筆箇所
＊執筆順

茅野 政徳	前出	●はじめに ●第1章─1.2.4
櫛谷 孝徳	前出	●第1章3.5 ●第2章─3年生・4年生 ●おわりに
本田 芙裕美	神奈川県・相模原市立中野小学校総括教諭	●第2章─1年生
古屋 友己	山梨県・甲府市立山城小学校教諭	●第2章─2年生
佐野 裕基	神奈川県・平塚市立花水小学校教諭	●第2章─5年生
久保田 旬平	早稲田大学系属早稲田実業学校初等部教諭	●第2章─6年生

小学校国語　読みのスイッチでつなぐ 教材研究と授業づくり　物語文編

2024（令和6）年 4 月 5 日　初版第1刷発行
2024（令和6）年10月25日　初版第3刷発行

編著者	茅野 政徳・櫛谷 孝徳
発行者	錦織 圭之介
発行所	株式会社 東洋館出版社
	〒101-0054 東京都千代田区神田錦町2-9-1
	コンフォール安田ビル2階
	代　表　TEL：03-6778-4343　fax：03-5281-8091
	営業部　TEL：03-6778-7278　fax：03-5281-8092
	振　替　00180-7-96823
	URL：https://www.toyokan.co.jp
イラスト	いなば ゆみ
装幀・本文デザイン	神宮 雄樹（monocri）
組版	株式会社明昌堂
印刷・製本	株式会社シナノ

ISBN 978-4-491-05443-8／Printed in Japan